청춘을 바치고 꿈을 얻었다

윤이상과 이원수 그리고 박경리 선생과의 운명적인 인연

글 김일태

 책을 펴내며

나는 지상파 방송사에서 PD로 일하며 문화 인물을 조명하는데 남다른 열정을 가지고 있었다. 생생하게 기억나는 분들만 해도 윤이상, 이원수, 박경리, 김종영, 최윤덕, 조성국, 김아타 선생을 비롯해 대략 열 분쯤은 된다.

그중에도 특별한 인연을 꼽으라면 윤이상, 이원수, 박경리 선생이다. 올해 2025년은 윤이상 타계 3주기 특집방송 '통영이여 나의 조국이여' 제작을 계기로 윤이상 선생과 인연을 맺고 이어온 지 햇수로 27년이며, '고향의 봄 창작 동요제'를 기획 연출하며 시작된 이원수 선생과의 인연은 28년이다. 또 『토지』 완간 10주년 특별 대담 '작가 박경리'의 방송제작과 고향 방문 프로젝트 종합 기획 진행을 맡았던 박경리 선생과의 인연은 21년이 되었다.

누구도 이런 인물들의 업적과 가치를 조명하고 기리는 일을 하라고 강요한 적도 없고 애초부터 나 자신도 이 일을 꼭 해야 한다는 절박함이 있었던 것도 아니었다. 우연히 이 일이 운명처럼 나를 찾아왔고 그저 큰 실수 없이 일을 해내야겠다는 일념으로 묵묵히 일을 해낸 것 같다.

　내가 만약 음악인으로 활동하고 있었더라면 윤이상을, 아동문학인이었더라면 이원수를, 미술인이었더라면 김종영을, 소설가였더라면 박경리를 선양해 온 일에 대해 어떤 평가를 해줄까? 모르긴 해도 응원하기보다 시기하거나 질투하는 분들이 많지 않았을까 넘겨짚어 본다.

　클래식 음악에 전문성이 부족했던 내가, 박경리 선생의 가치를 충분히 알지 못했던 내가, 아동문학에 크게 관심 없던 내가, 현대예술에 무심했던 내가 윤이상을, 박경리를, 이원수를, 김종영을 방송으로 그 업적을 조명하고 선양사업에 간여했다는 것은 쉽게 말로 설명할 수 없다. 그래서 '씌여서' 한 것 같고 그분들의 보이지 않는 예지력과 염력으로 나를 불러 일을 시킨 것 같은 그런 운명적인 만남이었다는 것이 솔직한 표현이다.

　내가 지금까지 해오고 있는 일이나 국내외 여러 문화 인물 선양사업을 지켜보면서 깨달았던 것은, 문화사업은 물과 같이 흘러야 한다는 것이다. 발원은 미미해도 흘러가는 과정에서 다른 작은 흐름을 껴안고 수용해서 마침내 거대한 강이 되는가 하면 시작은 장대했어도 다른 물줄기를 수용 못 해 흐름이 중단되거나 동력을 상실한 채 결국 고갈의 길로 드는 사례를 숱하게 보았다.

그래서 여건이 좋으면 흐름에 맡기고 막힘이 있으면 에둘러 가거나 좀 더 역량을 키워서 넘어가려 했으며 아무거나 수용하면 본성을 잃을까 봐 노심초사하기도 했지만, 결코 억지로 서두르지는 않았다. 여러 인물 관련 문화사업을 해오면서 배운 결론은 '내가 일을 통해 세상을 바꿀 수 있다고 한때 생각했는데 세상이 바뀐 게 아니라 내가 바뀌었더라'이다.

올해는 윤이상 선생 타계 30주기의 해이며, 내년 2026년은 이원수 선생이 지은 민족 동요 <고향의 봄> 창작 100주년이자 박경리 선생 탄생 100주년이 되는 뜻깊은 해를 맞는다. 이분들과 오래 인연의 끈을 이어온 나로서는 감회가 남다를 수밖에 없다.

전문적으로 연구하는 학자도 아닌 내가 짧지 않은 기간 동안 선양해 온 일을 빌미로 이분들의 격조 높은 예술과 철학, 삶을 얘기한다는 것은 외람될 뿐만 아니라 상식적으로 큰 결례인 줄 안다. 다만 이분들의 업적을 방송이나 문화사업을 통해 객관적으로 조명하고 선양하는 일을 오랫동안 해오면서 그 과정에 겪고 얻은 체험과 지혜를 나름의 방식으로 기록하는 일이 이 분들의 가치 중 지극히 한 부분이라도 이해하거나 인식하는 데 도움이 되지 않을까 하는 생각이 들었다. 그리고 선양사업의 여정에 대한 기록이 문화사업에 관심 있는 분들에게 도움을 줄 수 있으면 그것도 의미 있을 것으로 판단하고 망설이다 용기를 내어 책으로 엮기로 하였다.

이 책에 실린 글은 세 분 선생의 연구서도 기념 사업의 종합적 역사서도 아니며, 내용은 윤이상과 이원수 선생 관련해서는 필자가 적극적으로 실무를 수행했던 시기, 박경리 선생은 돌아가실 무렵까지로 한정했다. 또 가능한 한 사실 기록에 집착했지만, 극히 일부 개인적 주관적 입장이 투영된 부분도 있겠다고 보고 이에 대해 독자들의 양해를 구한다.

내가 이런 일을 할 수 있도록 오랫동안 묵묵히 응원해 준 아내와 가족, 그리고 세 분의 업적을 선양하기 위해 헌신해 오고 있는 각계의 동지들에게 지면으로나마 그간의 노고에 대한 감사의 인사를 올린다.

2025년 11월
저자 김일태 합장

목 차

책을 펴내며 　　　　　　　　　　　　　　　　　　　- 2

제1부 통영이 낳은 세계적인 작곡가 윤이상과 K-Classic의 중심 통영국제음악제

1. 윤이상 타계 3주기 특집방송 제작의 추억 　　- 10
2. 통영국제음악제의 태동에서 정착까지 　　　　- 24
   - 김승근 교수와의 인연과 음악제의 태동
   - 통영을 아시아의 잘츠부르크로, 통영현대음악제의 2년
   - 윤이상과 쪽빛 바다의 환상적 결합 '2002 통영국제음악제'
   - 윤이상 선양사업의 핵심 과제, 윤이상국제음악콩쿠르
   - 연중 음악이 흐르는 도시로, 연중 시즌화
   - 통영국제음악제의 드러나지 않은 주역, 통영인들
   - 통영국제음악제 재단 실무 이전과 세대교체
   - 통영국제음악제의 내적 성공 요인
3. 감동과 추억의 순간들 　　　　　　　　　　　- 66
   - 뜻밖에 대성공한 교가합창제
   - 내 남편 윤이상을 말한다. 특별 대담 취재기

- 윤이상 타계 10주기 북한 행사 참관기
  - 금강산에서 남북한이 함께 울린 윤이상의 음악
4. 통영과 통영국제음악제의 끊임없는 발전을 희망하며   - 101

제2부 한국 아동문학의 거목 이원수와
한민족의 노래 <고향의 봄>

1. <고향의 봄> 기념 사업의 여정   - 108
  - <고향의 봄>과의 첫 인연
  - 이원수, 그리고 <고향의 봄>과의 운명적인 만남
  - 한민족의 디아스포라 <고향의 봄>에 대한 가치 인식
  - <고향의 봄> 기념 사업이 본격화되기까지
  - 고향의봄기념사업회의 설립 배경과 의의
  - 북한 묘향산에서 다시 깨달은 <고향의 봄>의 가치
  - 영광스러운 족쇄 이원수문학관 관장
  - 이원수 탄생 100주년, 험난했던 2011년 한 해의 기억
2. 내가 아는 이원수   - 151
3. 다시 백 년을 이어갈 <고향의 봄>을 위하여   - 181

제3부 한국 소설 문학의 대작가 박경리 선생과의 4년

1. 『토지』 완간 10주년 특집방송 제작기   - 196
2. 박경리 선생의 고향 통영 방문 동행기   - 214
3. 박경리 선생을 이해하기 위한 3가지 키워드   - 224
4. 박경리 선생에 대한 몇 가지 오해와 진실   - 235
    - 박경리 선생은 통영을 무시했다?
    - 하동 평사리와 거리 두기
    - 박경리 선생의 여타 인물에 대한 평가
    - 박경리 선생은 돈을 많이 밝혔다?
5. '자는 잠에 열반'에 든 듯 가신 박경리 선생님   - 248

제1부

통영이 낳은 세계적인 작곡가 윤이상과
K-Classic의 중심 통영국제음악제

1. 윤이상 타계 3주기 특집방송 제작의 추억

 사전에 전문적인 정보나 지식을 가지고 있어서 접근하거나, 적극적으로 접해보고 싶은 호기심 또는 관심이 있거나, 그도 아니면 사회 조직에서 업무상 강제할 경우를 제외하고 특정한 일에 자발적으로 몰두하기란 쉽지 않다.
 그렇지 않은 특별한 경우를 두고 우리는 '우연히' 또는 '어찌하다 보니 그리됐다'라는 식으로 그 일의 계기를 설명한다. 적어도 지금까지 나와 윤이상 선생과의 인연을 설명하기가 꼭 그렇다는 생각이다.

 나는 음악 전공자도 클래식 음악 애호가도 아니었고, 클래식 음악 방송 프로그램 PD라는 유일한 연줄이 있었다. 그런데 그 클래식 음악 방송 PD라는 일도 사실은 오랫동안 클래식 영역에 해박했던 선배 PD 한 분이 건강상의 이유로 퇴직하고 당시 한 부서에서 일하던 선배 PD들이 아무도 맡지 않으려 하면서 말석이었던 내게 억지로 떠넘긴 일이었다.
 전문적 영역의 제작일이었지만, 클래식 전문 진행자의 역할로 방송은 차질 없이 잘 이루어졌다. 그런데 3년쯤 되던 어느 날, 가까이 지내던 지역의 예술계 후배들과 함께한

술자리에서 당시 창원시립교향악단에서 일하고 있던 안병삼 단무장이 불쑥 '천하의 윤이상 선생께서 돌아가신 지 2년이 다 돼가는데 어찌 지역 클래식 방송에서 단 한 번도 언급하지 않느냐'라고 목소리를 높여 따졌다.

당시 술자리 분위기도 고려해서 '알았으니 그만하라'라고 타이르고 헤어졌는데 며칠 동안 '술 좀 먹었다고 실언하거나 막말하는 친구가 아닌데 내게 왜 그랬을까?' 하는 궁금증이 생겼다.

그러다가 한 달쯤 뒤 또 다른 일로 그를 만나게 됐는데 또 똑같은 말로 제안했다. '나는 윤이상에 대해서 잘 모르고 동백림사건도 관심 없다'라고 말해주면서 다시 말을 꺼내지 말라고 했다.

그런데 그렇게 하고 난 뒤에도 계속해서 '그 친구가 왜 내게 윤이상을 자꾸 얘기할까?' 궁금해서 한날 낮에 만나 자초지종을 캐물어 보았다. '왜 술만 먹으면 내게 윤이상 얘기를 하느냐?'라고. 이때 안 단무장은 미안하다고 하면서 자기도 윤이상에 대해서 그리 제대로 알지는 못하고 방송에서 우리 지역 통영 출신인 선생을 좀 조명해 주었으면 좋겠다는 뜻에서 내게 얘기했다고 했다고 했다.

그러고는 헤어진 뒤 간단하게나마 윤이상 선생을 방송에 담아야겠다고 마음먹고 방송사로 돌아와서 윤이상 선생 음반을 찾아보았는데 아무것도 없었다. 음대 교수인 방송 진행자와 몇몇 음악인에게도 수소문해 보았지만, 윤이상 음반은 구하기 어렵다고 했다.

그래서 다시 안병삼 단무장에게 연락했더니 우리 지역에서 연주 활동을 하는 진효근 선생을 만나보면 윤이상 음반을 구할 수 있을 거라 했다. 둘이 약속 시간을 잡아서 진효근 선생 자택을 찾아가 보물처럼 보관하고 있던, 일본에서 발매된 CD 음반을 구경하고 윤이상 음악을 처음 접했다. 나는 우리에게 익숙한 고전 낭만주의 음악과는 완전히 다른 희귀한 곡을 접하며 순간 신비감을 느꼈다.

진효근 선생이 너무 소중하게 여기는 거라 감히 방송에서 한번 쓰고 돌려주겠다는 얘기도 꺼내지 못하고 돌아와서는 며칠간 계속 호기심이 일었다. 그 희한한 음악이 도대체 현대에 어떠한 가치를 가지는가? 과연 윤이상은 어떤 인물이며 어떤 삶을 살다 갔는가? 생각할수록 궁금했다.

그래서 제일 먼저 윤이상 선생에 대한 각별한 사랑으로 선생 사후 추모 행사를 펼친 통영인들을 만나기로 마음먹고, 윤이상 선생 사후 통영에서 장례식을 주도한 최정규 선생을 만났다. 최 선생은 시인으로서 문단에서 개인적으로 잘 알고 지내던 분이기도 했지만, 당시 통영체육회 사무국장으로 재직 중이어서 방송을 통해서도 잘 아는 분이었다.

 최정규 선생은 첫 만남에서 내게 윤이상 선생의 육성을 들려주었다. 1994년 귀국을 앞두고 갑자기 지병인 폐암이 재발하는 바람에 귀향이 불발된 데 대한 안타까운 심정을 담아 돌아가시기 얼마 전 고향 통영 사람들에게 보낸 음성 메시지였다.

| 최정규 시인과 2025. |

'나는 충무에서 자랐고, 충무에서 그 귀중한 정신적인 정서적인 모든 요소를 내 몸에 지니고 그것을 나의 정신과 예술적 기량에 표현해서 나의 평생 작품을 써왔습니다. 내가 구라파에 체재하던 38년 동안 나는 한 번도 충무를 잊어본 적이 없습니다. 그 잔잔한 바다! 그 푸른 물색! 가끔 파도가 칠 때도 파도소리는 나에게 음악으로 들렸고, 그 잔잔한 풀을 스쳐 가는 초목을 스쳐 가는 바람도 나에게 음악으로 들렸습니다. (이하 중략)'

병고에 숨을 가쁘게 몰아쉬며 또박또박 이어가는 육성에서 깊은 전율이 느껴졌다. 최정규 선생은 윤이상 선생이 돌아가셨을 때 국내나 통영의 분위기는 선생의 사상적 문제로 장례식 등 추모 행사를 공개적으로 가질 수 없었는데도 불구하고 뜻있는 통영인들끼리 모여 장례식과 분향소를 설치하여 추모했다고 했다.

윤이상 선생의 육성자료를 복사해 얻어오면서 나는 호기심과 열정으로 머리가 복잡해졌다. 그리고 며칠간 고민 끝에 무슨 운명적인 일처럼 사명 의식이 일었다. 그래서 먼저 당시 보직을 맡고 있던 전정효 부장께 윤이상 선생 관련 특집방송을 제작하고 싶다고 했고, '어려울 텐데 할 수 있겠느냐?'라고 하길래 '해보겠다'라고 했다.
그러나 제작의 길은 어려웠다. 사장 주재의 간부 회의에서 '사상적 문제 때문에 방송이 조심스럽다'라며 방송 제작 불가라고 통보받았다. 그래서 의욕대로 추진 동력을 얻지 못하고 어쩔 수 없이 포기해야 했는데 마음은 잘 정리가 되지 않고 계속 호기심이 일었다.

그러던 차에 통영의 최정규 선생에게 연락이 왔다. 국립국악관현악단 지휘자이던 김영동 선생께서 통영에 오시는데, 와서 만나 윤이상 선생에 관한 얘기를 나누어 보라는 것이다. 서둘러 통영으로 가서 이틀 동안 김영동 선생과 윤이상 선생의 삶과 음악 세계에 대해 여러 얘기를 나누었다. 그런데 나중에 알고 보니 윤이상 선생과 직접 만난 적은 없다고 해서 조금은 실망스러웠다.

그래서 윤이상 선생과 직접 교분을 가졌던 분들을 만나 보기로 했다. 회사 차원의 방송 제작 지원은 불가능해졌지만, 개인적으로 일단 윤이상의 업적과 가치를 파악해 보자는 결심이었다. 그래서 첫 미팅의 대상을 윤이상 선생의 1세대 제자로 알려져 있던 서울대 김정길 교수로 정했다. 김정길 교수는 88올림픽 때 공식 행사 음악 총감독을 지낸 분이라 일반인들에게도 많이 알려져 있었다. 김 교수는 처음에 면담을 거부했지만, 두어 차례 설득 전화를 드린 결과 일정을 조율하더니 뜻밖에 자택으로 오라고 했다.

초여름 날씨가 무더웠던 6월, 잠실 부근에 있던 김 교수의 자택을 찾아갔다. 자택에는 가족 없이 김 교수 혼자 계셨다. 자리에 앉자마자 김 교수께서 대뜸 '윤이상 음악을 들어봤느냐?'고 물었다. 나는 거짓말을 할 수 없어 '제대로 들어본 적 없다'라고 말했다. 순간 김 교수께서 '무슨 이런 놈이 윤이상 특집방송을 제작하려고 하느냐'라는 듯 황당한 표정을 지었다.

 정확히 재지는 않았지만 10분 정도 대화 없어 침묵 속에 서로 마주 보았다. 나는 무슨 말이라도 대꾸해야 한다는 생각이 들었으나 마땅한 말이 생각나지 않아서 대뜸 '대한민국 국민 중 윤이상 음악 들어본 적 있는 사람 몇 명이나 되겠느냐? 그런 사람들에게 교수님 같은 제자가 적극적으로 나서서 윤이상 선생의 음악과 가치를 얘기해 주어야 하지 않겠느냐?'라고 다소 공격적인 말씀을 드렸다. 그러자 김 교수는 '정치 사회적인 이슈는 빼고 순수하게 예술적인 영역에서만 다룰 수 있겠느냐?'라고 했다. 그러겠다고 말씀드렸더니 다소 표정이 풀렸다. 김 교수와 윤이상 선생의 음악 세계에 관해 얘기하는 중간중간 사제 간에 있었던 소소한 사례도 질문했지만, 철저히 대답을 회피했다.

 두 시간 정도 이야기를 나눈 후 김 교수께서 다른 약속을 이유로 마무리하면서 윤이상 선생에 대해 잘 아시는 분을 추천해 달라고 했다. 그랬더니 황병기 선생을 추천했다. 윤이상 선생께서 열정을 다해 추진했던 남북통일음악회 때 남측 대표로서 공연단을 이끌며 윤이상 선생과 교분이 깊다고 했다.

　김 교수와 헤어진 뒤 곧바로 황병기 선생께 전화를 드렸다. 황병기 선생은 반가워하면서 학교 연구실 대신 집으로 찾아오라고 했다. 자택은 경기대 부근에 있었다. 자택에 도착하니 부부가 함께 반갑게 맞이해 주었다. 윤이상이라는 인물의 비중 때문이라는 것이 충분히 느껴졌다.
　간단히 방송 제작 취지를 설명하면서 인터뷰 녹음 장비를 꺼내자, 황 선생께서 손사래 치시며 '방송 인터뷰는 곤란하다. 나 같은 보잘것없는 사람이 천하의 윤이상을 평가할 수 없다'라는 것이었다. 그래서 어쩔 수 없이 윤이상 선생과의 회고담만 경청했다. 황 선생께서는 '윤이상 선생님의 모습을 요약하면 한마디로 외로움이다. 말씀과 행동 하나하나에 짙은 고독이 담겨 있었다'라고 회고했다.

　황병기 선생을 만나고 난 뒤 나는 윤이상 선생에 대한 호기심이 풀리기는커녕 더 커졌다. 나는 당시까지 클래식 음악에 대한 지식은 깊지 않았지만 나름 국악이나 우리 전통문화에 관심이 깊었던 터라 황병기 선생에 대한 존경심이 컸었다. 그런 황병기 선생께서 감히 언급하기 힘든 분이라니, 참으로 대단한 분이구나 하는 마음이 들었다.
　서울에서 창원으로 돌아오는 내내 '원점에서 다시 시작하자. 직장에서 방송 허락을 하건 말건 우선 전국에 걸쳐 윤이상을 잘 아는 분들을 만나 취재해 보자'라고 마음먹었다. 출장이 안 되는 만큼 휴가를 쓰기로 했다. 그러고는 부산에서부터 출발하기로 하고 인터뷰 대상은 꼬리를 물고 추적해 가기로 했다.

  그런 뒤 제일 처음 만난 분은 당시 동아대 예술대학장이던 조선우 교수였다. 조 교수는 음악학자로 서양음악사 전공이었다. 조 교수는 서양음악사적 흐름에서 윤이상의 음악 특징과 업적, 문화 자산적 가치에 관해 설명해 주었다. 인터뷰를 마친 뒤 서양음악사적 관점과 달리 우리나라 음악사적 관점에서 얘기해줄 수 있는 분을 소개해 달라니까 당시 대전의 목원대 교수로 재직하고 있던 노동은 교수를 추천했다.

  며칠 뒤 노동은 교수를 만났다. 노 교수는 윤이상의 마지막 작품으로 알려진 <화염에 쌓인 천사와 에필로그>의 일본 공연 실황 녹음자료를 들려주며 우리나라 음악사적 흐름 속에서의 윤이상 음악 특징과 업적, 가치에 관해 설명해 주었다.
  두 사람 모두 윤이상 선생의 위대한 업적에 대해서는 크게 평가하면서도 선생의 음악 세계에 관해서는 다소 큰 차이를 보였다. 조선우 교수가 '윤이상 음악은 모두 유럽에서 만들어졌고 그곳에서 발표되었다'라는 논조였다면 노동은 교수는 '윤이상 음악은 한국에서 대부분 착상되었고 발표 무대가 유럽이었다'라고 할 정도여서 나는 폭 넓게 이해가 되었다.

하지만 윤이상 선생이 자신의 음악 세계에 대해 '나의 음악은 민족과 종교를 초월한다'라는 등의 어록을 생각하며 두 분 교수의 말씀이 맞기도 하고 아니기도 하다는 뜻으로 나는 받아들였다.

이후 윤이상을 안다는 여러 전문가의 인터뷰를 거치며 독일에서 윤이상을 직접 만나고 또 윤이상 자료를 좀 보유하고 있는 분이 없을까 수소문했고 그 결과 대구 영남대 진규영 교수를 만났다. 통영 출신인 진 교수는 독일에서 유학한 작곡가로 당시 조심스러운 상황에서도 윤이상을 흠모하며 지켜봐 왔고 유럽과 일본에서 제작한 다수의 CD 음반을 가지고 있었다. 귀한 음반이라 빌려주기가 어려웠을 터인데 진 교수는 흔쾌히 방송 제작을 위해 빌려주었고 그 음반과 취재 도중 간간이 얻은 음원을 이용해 방송 제작할 여건을 갖추었다.

그렇게 방송 취재 허락을 받지 못하고 휴가로 기본적인 취재를 마무리 해갈쯤 한겨레신문 귀퉁이에 조그맣게 실린 기사를 통해 윤이상 선생의 장녀 윤정 선생이 한국에 들어왔다는 소식을 접했다. 조심스러워하는 기자를 설득해 윤정 선생과 연락이 닿았고 방송 제작의 취지를 잘 설명한 뒤 인터뷰했다.

| 조선우 교수, 홍은미 박사와 2000. |

윤정 선생은 인터뷰를 마무리하면서 '우리 가족이 바로 분단의 역사 같아요. 부모님과 우리 남매가 함께 산 시간

이 3년 남짓하거든요.' 했다. 가슴에 맺히는 한이 느껴졌다. 인터뷰를 마친 뒤 국내 체류하는 동안 잘 지내시라고 인사를 하는데 '아버지의 음악에 대한 궁금증은 홍은미 선생과, 사업 관련해서는 김승근 선생과 의논해 보라'고 말씀하셨다.

홍은미 선생은 윤이상 선생 관련 논문과 여러 저서를 펴낸 음악학자이자 윤이상 선생의 말년을 가까이서 함께 보낸 산증인이었으며, 김승근 선생은 작곡가로서 독일 유학 중 윤이상 선생과 만난 마지막 제자 격으로 클래식 음악 행사 기획력이 뛰어난 분이었다.

그래서 당장 두 사람에게 연락을 취해 일주일 뒤 서울역 가까이 있는 힐튼호텔에서 만나기로 약속했다. 시간에 맞추어 약속 장소로 나갔는데 홍은미 선생은 제시간에 도착했지만, 김승근 선생은 가타부타 말없이 끝내 나타나지 않았다. 그래서 홍은미 선생과 윤이상 선생의 음악 세계와 문화 자산적 가치에 대해 폭넓은 대화만 하고 돌아왔다.
그런 과정을 거쳐 기본적인 취재를 끝냈다. 방송계획은 없었으나 윤이상 선생을 제대로 알게 됐다는 것만으로도 뿌듯해하며 다시 일상으로 돌아왔다.

그런데 10월 중순쯤 갑자기 편성부장이 불러서 갔더니

'니 혹시 전에 윤이상 제작한다더니 우째 됐노?' 했다. '혼자 휴가 내서 취재해 놓았다'라고 했더니 어떻게 잘 편집해서 방송할 수 있겠느냐고 했다. 부족한 부분이 있긴 하지만 급하게 서두르면 가능할 것 같다고 했더니 '만사를 제쳐놓고 제작하라'고 했다.

간부 회의에서 윤이상 선생의 얘기가 오갔다는 걸 뒤에 알았다. 김대중 대통령이 남북 화해 정책으로 '햇볕정책'을 발표하면서 상징적 인물로 윤이상 선생이 부각되었다는 것이다.

나는 특집방송의 시기를 윤이상 선생의 타계 일인 11월 3일에 맞추기 위해 부랴부랴 녹음물을 편집하고 원고 집필에 몰두했다. 그런 끝에 완성도는 아주 미흡했지만, 윤이상 선생 기일의 하루 뒷날인 11월 4일에 윤이상 타계 3주기 FM 특집방송 '통영이여, 나의 조국이여' 2부작 방송을 했다. 당시 윤이상 선생의 음악적 업적과 가치를 다룬 1부는 동아대 조선우 교수가, 윤이상 선생의 음악적 특성을 다룬 2부는 성악가이면서 당시 FM 클래식 음악프로그램 진행자였던 김명주 창신대 교수가 해설을 맡았다.

특집프로그램의 주된 내용은 '고유음 기법'이라는 독창적인 기법의 음악으로 당대 세계 최고 작곡가 반열에 올랐던 윤이상 선생의 음악과 철학을 이해시키는 데 집중하여 구성했다. 그러면서도 선생을 일컬어 서양음악이 극단적 표현주의로 흘러가는 막다른 골목에서 새로운 표현 방식을 제시한 '서양 현대음악의 구원자', 또 동양의 철학과 사상 종교 등을 서양의 음악으로 담아내어 '동도서기를 구현한 개척자', 전통적 서양의 클래식 악기에 동양의 전통악기를 수용하는 '클래식 악기의 확장을 구현한 선도자', 선진국에 비해 경제적으로는 후진국일지라도 얼마든지 우수한 문화를 보유하고 있을 수 있다는 사실을 알린 '제3세계 문화의 우수성을 세계에 각인시킨 선구자' 등의 수식어들로 선생의 음악 외적인 업적에 관한 내용도 담아 윤이상 선생을 청취자들에게 이해시키기 위해 노력했다.

 우여곡절을 겪으며 방송이 추진되고, 급히 제작하다 보니 프로그램의 완성도는 많이 떨어지기는 했지만, 윤이상이라는 브랜드와 국내 처음 지상파에서 제작 방송하였기 때문으로 파급력과 관계없이 경남 일대에는 많은 관심을 모았다.

 그런가 하면 전국 MBC계열사 작품상 등 여러 개의 상을 받아 휴가와 사비로 지출한 출장경비를 보상받기도 했다.

2. 통영국제음악제의 태동에서 정착까지

김승근 교수와의 인연과 음악제의 태동

통영국제음악제는 1998년 11월 29일 창원 시내에 있는 창원호텔 중식당에서 전격적으로 가졌던 만남으로부터 출발했다. 당시 필자와 윤이상 선생의 장녀 윤정 여사와 국제윤이상협회 한국사무국 김승근 사무국장, 창원시립교향악단 안병삼 단무장이 함께했다.

김승근 국장은 윤이상 선생의 말년, 독일에서 선생을 사사한 제자이면서 선생의 선양사업에 관해 유족의 신뢰와 집념이 강한 작곡가다. 안병삼 단무장 역시 경남을 대표하는 교향악단의 기획과 행정을 맡고 있으면서 윤이상 선생의 음악에 깊이 심취하여 내게 방송 제작을 적극적으로 권유한 음악인이었다.

그 당시 윤이상 선생의 유가족과 윤이상협회 측에서는 국제윤이상협회와 독일문화원이 연대하여 윤이상 선양사업을 구상하고 있었고, 나와 안병삼 단무장은 특집방송 제작과정에 알게 된 윤이상을 흠모하는 지인들과 소박하게라도 지역 중심의 추모 행사를 고민하고 있던 터여서 향후 여러 난제를 예상하면서도 윤이상 선생을 선양하는 일에 힘을 모으기로 의기투합했다.

첫 만남 이후 윤정 여사와 김승근 국장은 통영으로 찾아가 내가 소개한 최정규 선생 등 뜻을 같이할 사람들과 만났고, 나는 김승근 국장과 긴밀히 정보를 공유하며 방송사 임원과 간부들을 설득하여 마산MBC가 사업의 주도적 역할을 맡는 결정을 얻어냈다. 그리고 안병삼 단무장은 초기 열악한 예산 지원과 상관없이 창원시립과교향악단이 중심적 연주단체로 참여하기 위해 창원시와 교향악단 내부의 동의를 얻어내며 통영현대음악제에서 2년간 창원시립교향악단이 공연단체의 중심에 서는 계기를 만들어냈다.

경남의 지역민들에게 윤이상을 알리는 시발은 마산MBC가 제작한 윤이상 타계 3주기 특집방송 '통영이여, 나의 조국이여'였지만 통영 시민들에게 윤이상의 존재를 부활시킨 첫 번째 행사는 1999년 5월 통영문화재단이 주최하고 윤이상협회가 주관한 '윤이상 가곡의 밤'이다.
통영의 원로들로 구성된 통영문화재단이 어려운 여건 속에서도 이 행사를 지원했는데, 이 행사를 통해 통영 시민들의 윤이상 사랑을 확인한 마산MBC와 윤이상협회 사무국은 곧바로 '통영현대음악제 2000' 개최 준비를 본격화했다.

1999년 7월 윤이상협회 김승근 사무국장과 나는 통영에서 통영문화재단 천명주 이사장과 회동하여 현대음악제 행사를 함께 추진하기로 세부적인 합의를 했다.
  통영문화재단은 당시 천명주 이사장, 김상렬 상임이사 체제였으며, 두 사람의 결단이 초기에 통영이 윤이상을 수용하는 데 크게 일조하였다. 천명주 이사장은 학창 시절 윤이상 선생의 제자이기도 하였다.

  특집방송 '통영이여 나의 조국이여'를 통해 통영 시민들에게 윤이상의 존재 가치를 부각하긴 했지만, 통영현대음악제에 마산MBC가 주최 언론사로 참여하게 되기까지는 쉽지 않은 과정을 겪었다.
  마산MBC가 축제의 중심에 서야 한다고 판단하고 열성을 다해 경영자와 간부들을 설득하여 최종 결재를 받기까지 노력하게 된 데에는 세계적인 규모로 알려진 축제 뒤에는 방송이 주도적인 역할을 하기 때문이었다.
  그래서 그 당시 나는 그동안 지역 문화 발전에 중추적인 역할을 해온 마산MBC가 통영현대음악제를 투자가치가 높은 사업으로 인식하고, 처음 열리는 2000년부터 녹음, 녹화, 방송, 홍보 등 여러 가지 측면에서 주도적으로 끌어나가기를 바라는 마음이 간절했다.

  마산MBC와 윤이상협회 주도의 통영현대음악제를 출범시

키기 전후 마산MBC는 통영시와 시민들의 절박한 현실과 남해안 시대 정책에 거는 간절한 기대를 한국관광정책연구원의 자료를 바탕으로 집중분석하여 보도를 통해 윤이상과 음악제 수용 당위성 제시했다. 그런 과정을 거친 그해 10월, 김수량 사장의 결단에 따라 마산MBC가 통영현대음악제에 참여하기로 함으로써 추진조직 체계가 마무리되었다.

그리고 이어 마산MBC와 윤이상협회 간 통영현대음악제 주최 주관에 대한 약정서를 체결했다. 약정서의 주요 골격은 음악제의 프로그램 기획과 섭외 예산 수급과 집행은 협회 사무국이, 홍보와 행사 영상 기록과 저작권 소유, 무대 음양 조명 등 하드웨어 운영 일체, 전야제 각종 리셉션 등 부대행사의 주관을 마산MBC가 주도하는 구도였다.

| 통영현대음악제와 윤이상기념관 건립 학술발표회 2000.2. |

그 후 통영현대음악제 운영위원회를 통해 조직구성과 '통영현대음악제'의 명칭, 개최 시기, 프로그램 구성 등을 확정했다. 통영시와 통영 시민, 경남도민들을 설득하고 이념성을 극복하기 위해 마산MBC가 조직의 중심이 되고 통영문화재단이 지원하는 가운데 윤이상협회 사무국이 전문성을 살려 주관하며 주한독일문화원이 후원하는 체제였다.

이에 따라 운영위원회는 마산MBC 사장이 위원장을 맡고 통영문화재단 독일문화원 등 기관 대표와 함께 김상렬 김승근 김일태 안병삼 등 초기 기획자들이 기획 진행위원으로 이름을 올렸으며, 서울의 여러 음악제 실무경험이 풍부한 박우정이 사무국장을 맡았다.

| 통영현대음악제 실무 주역
안병삼, 김상렬, 필자, 김승근, 2000.2. |

'통영현대음악제2000'을 2월에 개최하기로 했는데 그 배경은 독일의 80년 전통을 가진 도나우에싱겐 음악 축제를 그 모델로 삼았기 때문이다. 이 음악제는 윤이상이 그의 관현악 작품<예악>을 연주하여 세계적인 명성을 얻게 된 결정적인 음악제로, 주말을 이용한 2박 3일 동안 열린다. 2월은 날씨도 춥고 예산 집행 문제 등 불합리한 여건이 많은 시기지만 관광 비수기라 할 수 있는 겨울철에 행사를 시행하여 통영의 기존 숙박 시설과 문화시설을 활용하는 의도도 있었다.

  그리고 이 시기에 별다른 문화 행사가 열리지 않아 전국적으로 홍보 효과를 극대화할 수 있다는 전략과 함께 음악인들의 관심과 참여가 쉬운 점, 그리고 통영현대음악제가 21세기 한국에서 처음으로 열리는 국제음악 행사로서 향후 국내 여러 음악 행사를 선도하겠다는 포부 등이 담긴 결정이었다.

통영을 아시아의 잘츠부르크로, 통영현대음악제의 2년

  뉴밀레니엄에 맞춰 2000년 2월 18일부터 3일간 '윤이상을 기리며'라는 주제로 열린 '통영현대음악제 2000'은 창원시립교향악단(지휘 김도기)과 플루트 연주자 마톤 베그의 협연과 한국현대음악앙상블, 금호현악4중주단 등의 윤이상

음악 공연과 윤이상을 조명하는 다양한 학술 행사 등으로 구성되었다.

그리고 흥행을 위해 연대한 경남작곡가협회(회장 이근택 창원대 교수)와 영남 지역 작곡가 모임인 향신회(회장 박재수 경남대 교수) 등 지역 음악계가 적극적으로 참여하였고, 통영의 국가중요무형문화재인 '남해안별신굿'(보존회장 정영만) 팀이 특별공연으로 분위기 조성에 일조하였다.

이렇게 조촐하게 시작한 '통영현대음악제 2000'은 예상과 달리 엄청난 성공을 거두었다. 국내외 언론의 관심뿐만 아니라 많은 예술계와 지역민들로부터 성원의 박수를 받았다.

| 통영현대음악제2000 개막연주 2000.2. |
(연주 창원시립교향악단, 지휘 김도기)

| 통영현대음악제 2000 특별공연 - 남해안별신굿 2000.2. |

 이렇게 첫 행사의 대성공 덕분에 그동안 추진단계에서 윤이상의 사상적 시비와 음악제 사업에 대해 생소함을 이유로 다소 소극적으로 지원하던 통영시가 본격적으로 동참하기 시작했다.

 그러면서 통영국제음악제의 목표도 도나우에싱겐 음악축제에서 잘츠부르크 음악축제로 바뀌었다. 모차르트를 내세워 세계적인 음악 도시로 발전한 잘츠부르크처럼 통영도 윤이상을 통해 국제적 음악도시로 나아가기로 한 것이다. 즉 윤이상 선양사업이 통영시 발전의 한 축으로 수용된 것이다.

| 베를린 클라도우의 윤이상 자택 입구에서 2000. |
| 베를린의 윤이상 묘역에서 2000. |

| 오스트리아 잘츠부르크 대공연장에서 2000.4. |

 통영이 잘츠부르크처럼 세계적인 음악 도시가 되기 위해서는 무엇보다 세계적인 음악 도시들을 찾아가 돌아보는 일이 시급했다. 그래서 그해 4월 고동주 통영시장, 정동배 통영시의회 의장, 윤이상협회 김승근 사무국장과 필자가 일행이 되어 통영의 문화예술계 인사 몇 분과 함께 베를린, 뮌헨, 잘츠부르크, 파리, 루체른 등 유럽 선진 도시를

차례로 돌아보았다. 가는 곳마다 음악제 관계자들과 면담하며 윤이상의 위상을 확인하고 음악제의 교류를 논의하면서 통영국제음악제 성공 가능성 타진하고 돌아왔다.

그리고 그해 5월 고동주 통영시장, 정동배 통영시의회 의장, 김수량 마산MBC 사장, 우베 슈멜트 주한독일문화원장, 윤이상협회 김승근 사무국장, 필자 등이 통영시청에서 회의를 열고 통영국제음악제에 통영시가 적극적으로 참여하기로 결정했다.

| 통영시청에서 2000. 5. 23. |
고동주 시장, 김수량 사장, 슈멜트 주한독일문화원장 등

그런가 하면 그해 9월, 통영시가 의뢰한 한국관광연구원의 연구 결과 발표회(책임연구원: 허갑중 박사)가 열렸다. 여기서 통영시의 최우선 과제로 연간 예산의 몇 배나 소요되는 하드웨어 투자보다 윤이상과 통영현대음악제 같은 소프트웨어에 대한 투자가 유리하다는 분석을 발표했다. 이때 제시한 중요한 내용은 통영국제음악제의 성공을 위한 통영시의 지원과 윤이상음악당 건립, 기념관 건립 등이었다.

그러나 통영시가 적극적으로 이를 결정하기가 쉽지 않았다. 정치적 분위기 때문이었는데 이때 당시 문화시장으로 정평이 나 있던 고동주 통영시장의 지혜와 판단이 결정적 역할을 했다. 고동주 사장은 3선을 지낸 행정관료 출신이자 예술인이기도 한 자치단체장이었고, 통영시의 오랜 고민거리였던 통영여객선터미널을 옮겨 현대식 종합터미널로 조성하여 그 기능을 확대하였을 뿐만 아니라 잡상인과 노점상, 폐어구로 난장판이던 강구 일대를 친수 문화공간으로 탈바꿈시키고 통영시민문화회관을 건립하는 등 통영시의 문화환경 구축에 일대 변혁을 일으킨 주역이다. 그래서 당시 일부 언론에서는 고동주 시장의 이런 노력이 없었다면 통영국제음악제 탄생이 한참 늦어졌을 거라고 평가하기도 했다.

2000년 첫 행사 이후 통영시의 본격적인 참여가 이루어지고 경상남도에서도 예산 지원이 결정되면서 통영현대음악제의 조직도 바뀌었다. 통영현대음악제 추진위원회를 구성하여 통영시장이 위원장을 맡고, 기존 운영위원회는 국제음악제로 나가기 위해 '조직위원회'로 이름을 바꾸고 위원들도 보완했다. 조직위원장은 그대로 마산MBC 사장이 맡고 조직위원에 통영시 고위직 간부가 합류했다.

 '통영현대음악제2000'의 예상 밖 성공으로 곧바로 국제행사로 승격시켜야 한다는 언론계와 학계의 의견들도 많았지만, 국제적 위상에 걸맞은 음악인들의 섭외와 예산 수급, 추진 전문 인력 보강 등 주최 측의 준비 상황을 고려하여 한 번 더 예비 단계를 거쳐야 한다는 판단이 작용하였다. 따라서 2001년까지는 현재까지의 구성을 유지하되 통영시의 재정적인 지원 확대로 더욱 많은 사람이 참여할 수 있도록 위상을 새롭게 정립한 뒤, 2002년부터 통영국제음악제로 명칭을 변경하여 위상을 격상시키기로 의견을 모았다.

 통영현대음악제가 국제음악제로 나가기 위해서는 무엇보다 지역민들의 더욱 깊은 이해와 호응이 필요했다. 그래서 윤이상 음악에 대한 이해와 가치 인식을 높이기 위해 2000년 11월, 통영시민문화회관에서 마산MBC 주관으로 '윤이상 5주기 기념, 해설이 있는 영상음악회'를 개최하고,

2001년 2월에는 통영현대음악제 개최를 앞두고 특집방송 '통영, 윤이상을 통해 잘츠부르크를 본다'와 '윤이상의 음악과 생애'를 TV와 라디오 프로그램으로 제작 방송하여 사전에 음악제 분위기를 조성했다.

ㅣ윤이상 타계 5주기 기념 - 해설이 있는 영상음악회
통영소년소녀합창단 공연 2000.11.ㅣ

2001년 2월 16일부터 3일간 열린 '통영현대음악제2001'은 '음악과 여성'이란 주제로 창립 20주년을 맞은 한국여성작곡가협회(회장: 김혜자)와 공동주최하여 시너지를 창출하였다. 2001년 통영현대음악제는 창원시립교향악단(지휘 김도기)과 강혜선의 협연으로 시작하여 베를린 윤이상앙상블의 마무리 공연까지 윤이상 음악을 중심으로 세계 현대음악의 흐름을 선사했다. 또한 '음악과 여성'을 주제로 한

다양한 학술 행사와 부대행사가 이어졌다. 그리고 윤이상 생가를 중심으로 '윤이상 거리'를 제정 선포하고 조형물을 설치하기도 했다.

| 통영현대음악제2001 (창원시향, 지휘 김도기 2001.2). |

| 윤이상의 거리 선포식 2001.2. |

'통영현대음악제2001'을 성공적으로 치르면서 숨을 고른 조직위원회는 곧바로 재단법인 설립 준비에 들어갔다. 창립 발기인으로 고동주 통영시장, 윤건호 마산MBC 사장, 천명주 통영문화재단 이사장, 김승근, 필자 등이 이름을 올렸다.

 그러나 (재)통영국제음악제 발족 추진 과정에서 최대 관건은 통영국제음악제를 국제적 위상을 가지기 위해서는 한국을 대표하는 인물이 초대 이사장으로 추대되어야 한다는 것이었다. 많은 논의 끝에 가장 이상적인 인물로 금호아시아나 그룹 박성용 명예회장이 적임자로 뜻을 모았다.

 당시 박성용 회장은 문화마인드가 특출한 재벌 총수로 알려져 있을 뿐만 아니라 서울 예술의전당 이사장 임기를 막 끝낸 시기였다. 또한 한국메세나협회장으로 국내 메세나 운동의 주도자이자 금호문화재단을 설립하여 음악 영재를 길러내고 문화예술계를 지원하는 일에 관한 한 독보적인 재계 인사였다.

 그러나 그런 그였기에 쉽게 접근할 수도 또 연고가 전혀 없는 통영에서 윤이상을 선양하는 축제 재단의 초대 이사장직을 승낙받아 내기가 쉽지 않았다. 이때 중요한 역할을 한 이가 조직위원장을 맡고 있던 윤건호 마산MBC 사장과 월간 객석 발행인이자 인기 연극인인 윤석화 대표였다. 두 사람의 진정성 있는 설득과 사무국의 노력으로 불가능할 것 같았던 승낙을 얻어냈다.

그런 다음 2001년 8월에는 윤이상협회 김승근 사무국장, 필자와 행정 실무자가 오스트리아 잘츠부르크 축제 현장 및 독일 스위스 등 선진 축제의 현장을 방문하여 축제를 벤치마킹하면서 향후 방송 교류도 타진하였다.

| 유럽 선진 축제 탐방 2001.8. |
김승근 교수, 통영시의 재단 파견 공무원과

2001년 10월 마산MBC 윤건호 사장 주선으로 금호그룹 박성용 명예회장, 고동주 통영시장, 월간 객석 윤석화 대표가 회동하여 월간 객석을 공동주최로 참여시키기로 확정하고, 11월 통영국제음악제 추진위원회 창립총회(위원장: 통영시장 고동주, 조직위원장: 마산MBC 윤건호 사장)를 열어 '통영국제음악제 2002'의 기본계획 및 추진위원회 구성을 확정했다.

그런 뒤 2002년 1월 17일 재단법인 통영국제음악제 창립이사회를 개최하여 재단 초대 이사장으로 박성용 금호아시아나그룹 명예회장이 취임하고, 이사로 윤건호, 정동배, 윤석화, 이재욱, 천명주, 장복만, 윤정, 박태주, 김도기, 김일태, 김승근, 우베 슈멜트(Uwe Schmelter), 정혜자, 정청자, 감사로 윤우정, 한기택을 선임했다. 그리고 재단 설립자로 고동주 통영시장, 박성용 이사장, 정동배 통영시 의회 의장, 윤건호 마산MBC 사장, 윤석화 월간 객석 대표, 박태주 통영시 총무국장, 정혜자 금호문화재단 상무, 김승근 윤이상협회 한국사무국장과 필자가 선임되었다.

기존 조직위원회를 다시 운영위원회로 바꾸고 운영 규정도 확정되었다. 재단은 모든 업무를 총괄하면서 후원 기능, 조직운영과 재원 조달, 국내외 교류 협력 등을 맡고 하부 조직으로서 운영위원회(운영위원장: 마산MBC 사장)는 기존 조직위원회의 역할을 계승하면서 통영국제음악제 기획, 섭외, 진행, 윤이상 콩쿠르 운영을 맡는 등 2원 체제로 사업을 추진하기로 했다.

| 재단 창립이사회 후 박성용 이사장, 김승근 교수와 함께 2002.3.14. |

재단 출범을 위한 마산MBC의 역할도 컸다. 2002년 1월 초 재단의 창립에 필요한 기금 전액을 마산MBC가 출연하였다. 마산MBC의 재단설립 기금 출연 배경은 그동안 행사의 중심축이 되어온 주최 측으로서의 위상을 공고히 하면서 잘츠부르크 축제에서 오스트리아 국영방송이 큰 역할을 해오고 있듯이 앞으로도 지속해서 마산 MBC가 축제에 주

도적 역할을 다하겠다는 의도였다.

 재)통영국제음악제는 2002년 2월 14일 문화관광부의 법인설립 허가증을 발부받았다. 재단이 본격적으로 출범하면서 공동주최인 마산MBC의 역할도 조정되었다. 큰 골격은 유지하면서 각종 행사의 제작물에 대한 저작권을 재단과 공유하고 홍보예산을 축소한 것이 변화의 핵심이었다. 마산MBC의 권한은 축소되고 주최로서 의무는 확대된 셈이다.

| 마산MBC의 통영국제음악제 특집 전국 생방송 야외스튜디오 2002.3. |

윤이상과 쪽빛 바다의 환상적 결합 '2002통영국제음악제'

 통영국제음악제로 본격적인 출발을 시작한 2002년은 음악제가 시작되기 전부터 축제 분위기가 고조되었다. 공식적으로 통영국제음악제 프로그램 티켓 판매를 시작하는 행사 100일 전과 50일 전에는 기념연주 행사를 열어 국내외의 관심과 협조를 유도하고 전야제 행사로 오스트리아 빈 소년합창단의 공연을 열었기 때문이다.

| 2002통영국제음악제 전야제 빈 소년합창단 공연 2002.3. |

 사전 분위기 조성 후, 2002년 3월 7일부터 3월 16일까지 통영시민문화회관을 중심으로 통영시 일원에서 비로소 윤이상의 음악에서 따온 '서주와 추상'이라는 주제로 '통영국제음악제 2002'가 10일 동안 펼쳐졌다.

| 2002통영국제음악제 내외신 기자회견 2002.3. |

| 2002 통영국제음악제 개막 공연, 2002.3. |
지휘 프란시스 트래비스, 창원시향

개막연주는 윤이상과 각별한 인연을 가지고 있을 뿐만 아니라 1999년 서울에서 열린 아시아유럽정상회 때 오페라 <심청>을 지휘했던 트래비스가 창원시립교향악단과 창원시립합창단을 지휘하며 행사의 주제이기도 한 윤이상의 <서주와 추상>으로 문을 열었다. 마산시향, 광주시향 연주 등 30여 회의 주요 연주 프로그램에 이어 정명훈이 지휘하는 프랑스 국립 방송교향악단과 임동혁의 폐막연주가 대미를 장식했다.

| 2002통영국제음악제 폐막 공연, 2002.3. |
지휘 정명훈, 프랑스 국립교향악단

정규 연주 프로그램 이외에도 성가합창제, 여성작곡가 발표회, 영남작곡가 발표회, 재즈 음악 연주회와 같은 자유 출연자들의 무대를 대거 마련해서 프로그램을 다양화시켰다. 그리고 통영의 굴축제, 동백축제 등 지역 축제와도 결합하여 축제의 외연을 확대하고 통영오광대 등 무형문화재 공연과 함께 길거리공연, 페스티벌하우스 운영을 통해서 축제의 분위기를 높여 해외는 물론 전국 각지에서 온 관객들이 음악제뿐만 아니라 통영을 충분히 즐길 수 있도록 배려했다.

| 2002 통영프린지 페스티벌 하우스 2002.3. |

| 2002통영프린지 페스티벌하우스(구 통영군청) 2002.3. |

통영국제음악제는 10일간에 걸쳐 진행되는 만큼 예산 규모가 많이 늘어났다. 그간 중앙 정부와 지방자치단체, 또 기업체에서 지원받기 위해 큰 노력을 한 결과, 통영시와 함께 처음으로 국고지원과 경상남도의 지원이 시작되었고, 재단에는 금호아시아나그룹과 노키아티엠씨 등 유력한 기업체가 참여하여 별도로 예산을 지원받았다. 그리고 통영시는 공무원들로 조직된 특별기구를 두어 차질 없이 행사를 치를 수 있도록 행정 인력을 지원했다.

통영국제음악제가 출범하고 급속도로 성장하던 초기 2~3년간의 변화는 박성용 이사장의 의지와 과감한 결단, 국제윤이상협회(회장 볼프강 슈파르)의 지원을 바탕으로 한 김승근 사무국장의 탁월한 기획력이 바탕이었지만 우베 슈멜트 원장을 중심으로 한 주한독일문화원의 적극적인 지원과 윤건호 마산MBC 사장, 윤석화 객석 대표의 기록되지 않은 노력도 흥행에 큰 몫을 했다.

주한독일문화원은 음악제 태동기부터 예산과 함께 맹완호 행정관, 톤마이스트 볼프강 퓌벡, 장경철 음향 전문가 등의 인력을 지원했을 뿐만 아니라 전 세계 문화원 네트워크를 이용해서 해외 1급 연주단체를 초청하는 데 중요한 역할을 하였다. 특히 우베 슈멜트 원장은 음악가 출신이어서 윤이상과 통영국제음악제에 대해 각별한 열정을 가지고 있었다.

| 윤이상 선생의 평생 음악 동반자 지휘자 트래비스와
동백림사건 때 구명운동에 앞장섰던 철학자 후로이덴 벡,
윤정 여사의 마산MBC 방문. 2002. 9. |

　재단의 부이사장을 맡은 윤건호 사장은 재단과 주최 측인 마산MBC와의 관계를 명확히 설정하였는가 하면 통영국제음악제에서 국내 처음 도입한 통영프린지 초기, 서울 MBC에서 PD로 일하면서 오랫동안 교분을 가졌던 유명 연예인들을 통영으로 초대하여 '스페셜 프린지'라는 이름으로 개최하여 대중적 관심을 유도하고 재미있는 축제로 분위기를 조성하는 데 큰 역할을 했다. 윤도현밴드 공연, 노영심 콘서트, 조영남과 전국교가합창제, 현장을 찾아가는 순회공연 등이 그의 아이디어에서 실현될 수 있었다.

윤건호 사장은 마산MBC 퇴임 이후에도 그의 공적을 예우하는 차원에서 위촉한 TIMF앙상블 이사장을 최근까지 맡아 운영을 주도해 오면서 앙상블의 기량과 역할을 강화하고 다양하게 활동하는데 크게 기여했다.

윤석화 대표는 월간객석을 통해 통영국제음악제의 사전 홍보와 사후 평가는 물론 중요 기념 자료집 발간 등 기존 마산MBC와 재단 사무국에서 전문 인력이 부족한 인쇄 홍보 영역의 한 축을 맡아 수행했다. 그런가 하면 배우 이영애, 연극인 박정자, 탤런트 강부자 등 인기 대중 예술인들을 통영으로 대거 초청하여 일반인들의 관심과 흥행을 부추기는 데 큰 역할을 했다.

| 통영국제음악제 창립 주역 박성용 이사장, 윤건호 마산MBC 사장, 김승근 교수와 김일태PD 2003.4. |

박성용 이사장의 취임에 따라 금호아시아나 그룹의 재정적 협찬은 물론 금호문화재단도 축제의 긴밀한 파트너로 참여하여 프로그램과 음악가들의 교류 협력을 연대하였다.

윤이상 선양사업의 핵심 과제, 윤이상국제음악콩쿠르

윤이상의 맥을 잇고 새로운 음악가를 발굴하고 동서양 음악의 가교역할을 할 과제로 윤이상 음악콩쿠르의 필요성은 음악제 초기 기획 단계에서부터 중요한 사업으로 인식하고 있었다. 그러나 재정적 여건과 국제적 연대 없이는 불가능하다는 점을 국내 여타 콩쿠르의 실패를 통해 알고 있었기 때문에 쉽게 추진하지 못했다.

그런데 재단 측의 막연한 희망과 달리 윤이상국제음악콩쿠르 개최의 계기는 경상남도(당시 김혁규 지사)에서 음악제 주최인 마산MBC와 재단 사무국에 제안해 오면서 쉽게 성사되었다. 전체 소요 예산은 경상남도가 부담하고 마산MBC와 공동주최, 재단이 주관하는 형식이었다.

2002년 12월 경상남도가 도비로 예산을 확보하고 난 뒤 김승근 음악제 재단 사무국장, 필자가 행사 담당 도청 공무원과 '윤이상국제음악콩쿠르 행사 관련 실무자 회의'를 하고 2003년에 시작하여 첼로 바이올린 피아노 3개 부문

경연을 해마다 돌아가며 개최하기로 세부 추진 일정을 논의했다. 그런 뒤 도지사 최종 재가를 얻은 다음 본격적인 시행에 착수했다.

그런데 경상남도가 예산을 확보하고 본격적인 추진단계에 돌입한 상황에서 윤이상 선생 유족 측으로부터 윤이상 명칭 사용에 대해 불가 입장을 알려왔다.

통영국제음악제와 달리 윤이상 이름을 달고 하는 만큼 향후 안정적인 예산 자원과 진행 인력의 전문성, 해외 홍보 문제 등과 함께 국제적 수준 유지의 우려를 밝힌 것이다. 그래서 유가족이 신뢰할 수 있는 국제적 수준이 유지될 때까지 명칭 사용을 미루기로 하였다.

개최 첫해부터 국제음악콩쿠르의 수준에 맞춘 경남국제음악콩쿠르는 클라우스 헬비히, 볼프강 뵈쳐 등 국제적 명성을 가진 심사위원들을 위촉했다. 그리고 그 이후 조직적 운영, 수준 높은 경연을 바탕으로 지속해서 발전하여 2006년에 국내에서는 처음으로, 아시아 국가 가운데서는 일본에 이어 두 번째로 유네스코 산하 국제음악콩쿠르세계연맹(WFIMC)에 가입하는 쾌거를 이루어 내면서 국제적 반열에 올라섰다.

그때부터 윤이상 선생의 유기족도 콩쿠르에 윤이상 명칭 사용을 허락했다. 그런데 문제는 거기서 끝나지 않았다.

'경남국제음악콩쿠르'로 WFIMC에 가입했기 때문에 다시 윤이상국제음악콩쿠르로 이름을 바꾸는데 많은 시간과 노력이 필요했다. 그 노력 끝에 2008년부터 본래의 목적에 맞게 '윤이상국제음악콩쿠르'라는 이름으로 변경되어 지금까지 이어오고 있다.

연중 음악이 흐르는 도시로, 연중 시즌화

제대로 틀을 갖춘 재단이 출범하면서 성장에 탄력을 받은 통영국제음악제가 연차적으로 가을에 열리는 윤이상국제음악콩쿠르와 여름철을 이용한 TIMF 아카데미 등을 도입하여 '연중 음악이 흐르는 도시로'라는 기치를 걸고 연중 시즌화를 시도하였다. 그리고 이 목표가 2004년부터 본격적으로 정착되어 가면서 축제의 입체적 체계를 갖추는 동시에 통영을 국제적 예술의 도시로 도약시키기 위한 기반이 조성됐다.

'연중 시즌화' 도입은 클래식 음악 전문 공연장 건립의 필요성을 더욱더 절실하게 만들어 통영국제음악당을 짓게 하였을 뿐만 아니라 결국 2015년 말 통영이 세계 10번째 유네스코 음악창의도시로 지정되는 쾌거를 거두게 했다.

통영이 유네스코 음악창의도시로 지정된 것은 국내 처음, 아시아에서는 일본에 이어 두 번째라는 매우 큰 의미가 있다. 이러한 성과를 얻기까지 그 바탕에는 통영국제음악제와 전통적인 통제영 문화, 통영국제음악당 같은 각종 인프라 구축과 통영 시민들의 문화예술에 대한 절대적 성원, 지자체의 현명한 판단, 축제 관계자들의 고도 기술이 큰 역할을 했다고 볼 수 있다.

그런데 성공 요인을 하나하나 짚어 보면 모두가 통영이 배출한 작곡가 윤이상 선생으로 귀결된다. 따라서 통영의 유네스코 음악창의도시 지정은 선생을 낳아 길러주었을 뿐만 아니라 사후에도 흔들림 없이 보듬어 준, 당신이 생전 그토록 그리워하던 고향에 바친 선물이라 볼 수 있다. 결국 통영은 윤이상을 품고 윤이상은 고향에 국제적 문화 관광도시를 안겨준 것이다.

국제적 위상이 크게 오른 통영시는 이를 계기로 대규모 음악 문화 산업단지 조성계획을 세우는 등 그에 걸맞은 도시 형태를 갖추려고 박차를 가하는 계기가 되었지만, 그런 성과를 내기까지 '연중 시즌화'가 다리 역할을 한 것은 분명하다.

통영국제음악제의 드러나지 않은 주역, 통영인들

통영국제음악제가 조기에 국제적 위상을 가지게 된 데에는 세계적인 음악가들이 통영을 다녀간 힘이 크다.

정명훈과 라디오 프랑스 필, 오스트리아 빈소년합창단, 주빈 메타와 빈 필하모닉 오케스트라, 세종솔로이스츠, 몬테베르디 합창단, 정 트리오, 조르디 사발과 에스페리웅21, 익투스 앙상블, 앙상블 모데른, 슈푸트가르트 체임버 오케스트라, 유리시모노프와 모스크바 필하모닉 오케스트라, 상트페테르부르크 필하모닉 오케스트라 등 세계 정상급 연주단체와 함께 하인츠 홀리거, 장영주, 탄둔, 음악의 노벨상이라 불리는 그라베 마이어 상을 받은 재독 작곡가 진은숙, 강동석, 황병기 등 다양한 음악인들이 축제의 현장을 다녀갔을 뿐 아니라 윤이상의 오페라가 국내 초연되었고 새로운 형식의 음악극이 초연되어 관심을 끌기도 했다.

그리고 윤이상 국제음악심포지엄과 세미나 등을 통해서도 내로라하는 음악학자들이 통영을 방문하여 축제의 성공에 힘을 보태면서 통영국제음악제는 아시아 정상을 향해 급성장했다. 그래서 통영국제음악제 발전의 일차적인 공신은 '윤이상'이라는 브랜드를 바탕에 깔고 이들이 장을 펼칠 수 있도록 만든 주최 측이다.

통영시의 안정적 예산과 행정력 지원, 마산MBC와 월간 객석의 열정적인 홍보, 국제윤이상협회와 주한독일문화원의 지원을 바탕으로 한 재단 사무국의 기획 섭외 진행 능력이다. 그러나 음악제 역사에 기록되지 않은 숨은 주역들이 있다. 바로 통영인들이다.

1995년 윤이상 선생이 그토록 오고 싶어 하던 고향의 땅을 밟지 못하고 타계하자 통영 시민들은 이념을 떠나, 시내 중심지에 추모 분향소를 설치하고 장례 행사를 했는가 하면, 절에 위패를 모시기도 했다. 그리고 몇몇 예술인들을 중심으로 오랫동안 윤이상 음악 감상회를 개최하는 등 윤이상 사랑을 실천해 오고 있기도 했다.

| 2003통영국제음악제 폐막 공연
빈 필과 지휘자 주빈 메타, 협연 장영주 |

그러한 통영인들의 열정을 모아 통영국제음악제 태동기부터 지금까지 변함없이 체계적이고 대규모로 조직되어 통영국제음악제를 응원하고 있는 단체가 '황금파도'이다.

 통영의 뜻있는 시민들과 학생들이 주축이 되어 조직된 이 통영국제음악제 통영 시민 서포터즈는 음악제 초기 통영 시민들의 호응과 참여를 독려하는 든든한 응원군이 되어 '윤이상 귀환 퍼포먼스', '국제음악제 표 사주기 운동' 등 자발적인 시민참여 운동을 주도하였다.

 그러한 노력으로 타지인 중심으로 시작된 통영국제음악제가 통영에 쉽게 정착할 수 있었으며 대중성이 취약한 현대음악 공연의 전면적 유료화가 조기에 정착하는 데에도 일조하였다.

 통영국제음악제 초기에는 '황금파도'뿐만이 아니라 통영의 각종 문화예술단체도 통영국제음악제의 성공을 위해 발벗고 나섰다. 통영음악협회는 프린지 공연을 주관하면서 전국에서 몰려드는 수많은 단체를 선별 접수하고 공연 일정을 관리하는가 하면 워크숍 등을 통해 재단 사무국 측과 자세히 정보를 공유하면서 자발적 업무를 수행하였고, 통영관악단은 해상과 육상은 물론 통영 시내와 다른 지역에 이르기까지 통영국제음악제를 홍보하는 순회공연을 열었다. 그리고 통영오광대(회장 김홍종)와 남해안별신굿보존회(회장 정영만)는 실내외를 가리지 않고 통영을 찾아온 관람객들에게 통영의 전통문화를 알리며 분위기를 살리는 데 큰 역할들을 했다.

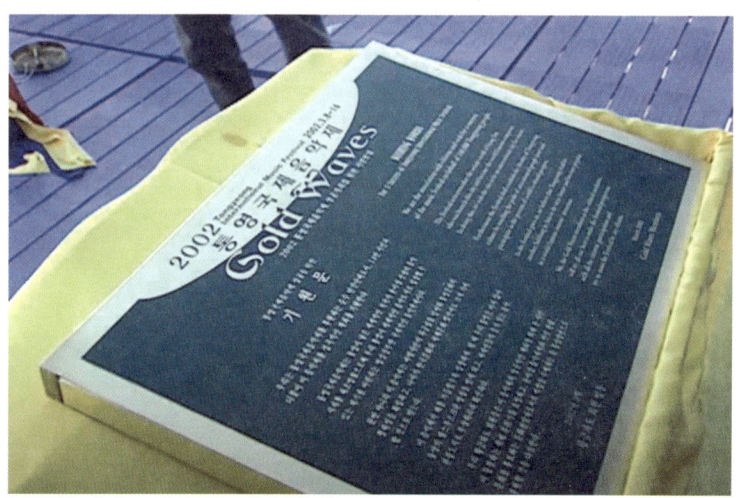

| 황금파도 주관 윤이상 영혼 이운 퍼포먼스, 페스티벌하우스 2002.3. |

통영국제음악제 재단 실무 이전과 세대교체

통영국제음악제의 태동과 운영체계, 축제가 정체성을 갖출 때까지 재단 운영과 축제의 실무는 대부분 김승근 사무국장을 중심으로 하는 소수의 외부 전문 인력과 필자를 중심으로 한 마산MBC 방송 인력, 그리고 재단에 일시적으로 파견된 공무원들이 담당했다. 그러나 통영국제음악제가 연중 시즌화되고 다양한 사업들이 펼쳐지면서 재단 사무국은 소수의 상근 인력으로 감당하기 어려운 상황을 맞았다.

음악제 태동기와 초기 실무조직의 슬림화는 상황에 능동적이고 유연하게 대치하면서 열악한 재정 상황에 예산을 절감하는 효과가 있었지만, 음악제가 본궤도에 오르면서 소수의 전문 인력으로 대체할 수 없는 입체적 조직 체계로의 전환 시기를 맞은 것이다.

재단 창립총회에서 박성용 이사장 중심으로 재단 이사진이 구성되고, 상임이사로 통영시 총무국장이 당연직으로 선임되었지만, 사무국장 자리가 비었다. 두 차례에 걸친 공모에도 적임자를 구하지 못하고 결국 재단 측의 구애 작전 끝에 2002년 11월 이사회를 통해 사무국장으로 이용민을 선임했다. 적절한 인물이 정해질 때까지 임시로 김승근 전임위원이 맡기로 2002년 8월 이사회에서 의결하였기 때문에 실질적으로는 이용민이 초대사무국장인 셈이다.

신임 사무국장으로 선임된 이용민은 통영현대음악제 출범 시부터 운영위원으로 참여하여 재단 업무에 선행학습이 되어 있고, 축제의 주최기관인 통영시의 시립소년시립합창단 상임 지휘자를 오랫동안 맡아 오면서 통영시 공무원들과 꾸준히 소통해 온 이였다. 마산MBC 방송 스태프들과 자연스러운 교분은 물론 대학원에서 윤이상을 공부하였고, 통영의 음악계와 예술계에서 신망받는 인물이어서 적임자로 더할 나위 없었다.

그러나 당시 사무국장직은 과다한 업무량과 복잡한 이해관계, 열악한 물질적 예우 때문에 미래를 예측할 수 없는 불안한 직책이었다. 그런데 그는 몸담고 있던 교사로서의 안정적인 직장은 물론 모든 직을 내려놓고 사무국장직을 수락했다. 통영에 거주하는 음악인으로 윤이상 사랑과 사명 의식으로 결정한 새로운 도전이었다.

이용민 사무국장 체제로 사무국이 재편되면서 서정원, 박상현, 김소현 등 신예 전문가들이 참여하면서 업무의 변화와 함께 세대교체의 흐름이 시작되었다. 재단의 실무 축이 외지인에서 통영인으로 이전되는 분위기가 조성된 것이다. 따라서 이용민이 통영국제음악제 재단 사무국장으로 선임된 데 대한 의미는 단순히 한 사람의 능력 있는 실무자의 충원이 아니라 음악제의 실무가 외지, 전문가 중심에서 통영인으로 이관되어 가는 동시에 세대교체가 이루어지는 시발점으로 그 의미가 있다.

통영국제음악제 출범 때부터 초대 재단 이사장을 맡아 발전을 주도했던 박성용 이사장이 2005년 지병으로 타계한 뒤 후임으로 박 이사장과 동창이자 막역한 친구이던 이홍구 전 국무총리가 재단 이사장으로 추대되었고, 2014년 통영국제음악당의 개관과 함께 이루어진 재단 운영 주체가 바뀔 때까지 재단을 이끌었다.

이홍구 이사장과 함께 통영국제음악제 태동과 정착의 기반을 다진 김승근 교수와 필자는 2006년 통영시로부터 명예시민으로 선정되었다.

통영국제음악제의 내적 성공 요인

통영국제음악제가 조기에 성공하게 된 비결을 두고 '윤이상과 통영 쪽빛 바다의 환상적 결합'이라고 말한다. 이 수식은 통영국제음악제 전신인 통영현대음악제 개최를 두고 독일의 유력 일간지가 실은 기사의 머리글에서 따온 것이다.

그러나 통영국제음악제의 출범과 조기 성공의 이면에는 당시 통영시와 윤이상 선생을 추앙하는 이들이 처해있는 어려운 여건도 한몫했다.

수산업의 퇴조로 죽어가는 도시로 전락해 가고 있는 통영은 경상남도의 주도로 추진된 남해안 시대 사업을 통해 회생을 모색해야 하는 절박한 시기였다. 그런가 하면 타계 5주년이 가깝도록 추모의 움직임이 없는 데 따른 윤이상 선생의 유족과 후학들은 선양사업이 절실한 시기였다.

그래서 성공 요인은 '윤이상과 통영의 쪽빛 바다의 환상적 결합'이지만 탄생 배경은 '통영의 절박함과 윤이상의 절실함이 이루어 낸 결과'라고 표현할 수 있다.

통영국제음악제 성공의 한 축이었던 조직운영과 관련하여서는 통영시라는 관 조직과 민간 중심 음악 축제 전문가 집단으로 구성한 음악재단, 그리고 마산MBC라는 언론사의 컨소시엄 형태의 결합을 든다. 그다음은 재단의 핵심 실무자들의 저비용 고효율 기획력과 주한 독일문화원의 세계 네트워크를 활용한 적극적인 지원, 황금파도와 예술단체 공무원들을 위시한 통영 시민의 적극적인 성원이다.

통영국제음악제가 조기에 성장 발전하게 된 힘은 윤이상이라는 브랜드의 가치를 최대한 활용한 데 있다. 당대의 예술적 업적과 국제적 위상은 물론, 동서문화의 융합으로 창출해 낸 미래가치와 확장성, 동양과 한국의 전통적 정서와 철학사상 음악을 통해 승화시킨 보편적 가치, 아시아권에서 처음으로 세계 무대에서 성공한 음악인 등등 이러한 윤이상의 가치를 활용하기 위해 윤이상 관련 음악 단체, 해외기관, 윤이상의 친구들, 윤이상의 제자들 등을 총망라하여 초기에 협력체계를 구축하여 우군화한 점도 적절한 선택이었다.

윤이상 선생의 브랜드 효과와 관련해서는 통영현대음악제 개최 전후 필자가 방송 취재 겸 유럽의 선진 축제 현장에서 만난 전문가들을 통해서도 충분히 예견되었다. 그들은 거의 공통으로 '통영국제음악제는 윤이상 브랜드 하나로 향후 10년간은 성공이 보장될 것이다. 통영은 그 이후를 대비해야 할 것이다.'라고 하였다.

통영국제음악제를 성공시키기 위한 사전 준비 단계에서 우리는 실패한 사례에서 많이 배웠다. 취재와 벤치마킹을 위한 대상으로 삼았던 독일의 본 축제에서 예산 수급 불안정과 행정 지원 부족에서 오는 실패 사례, 또 전주세계소리축제를 통해 조직운영과 예산편성, 스태프와 자원봉사 조직 운영 등에 대해 면밀하게 분석하고 '저렇게 하면 안 된다'라는 역발상으로 대처했다. 그리고 이상적인 모델로 삼았던 오스트리아의 잘츠부르크 축제에서 재단 조직운영과 예산 수급, 종합 마케팅 전략 등을, 에든버러축제를 통해 프린지 공연의 필요성을, 부산국제영화제를 통해 의전과 홍보, 부대행사 등의 편성 노하우를 배워 우리 실정에 알맞게 수용했다.

그러한 여러 축제를 벤치마킹하면서 깨달았던 핵심은 '백년 역사도 한순간에 무너질 수 있다. 방심은 최대의 적'이다라는 것이다. 그리고 축제의 성공 비결을 한 단어로 요약하면 바로 인내심'이었다. 이 마음가짐이 어떻게 보면 필자가 지금까지 윤이상 브랜드와 통영국제음악제를 벗지 못하는 이유인지도 모른다.

통영국제음악제를 탄생시키는 데 핵심 역할을 한 김승근 교수와 필자를 두고 통영국제음악제 태동기에 운영위원장이자 부이사장으로 중요한 역할을 했던 윤건호 당시 마산 MBC 사장은 '예산 능력도 인적 자산도 연고도 없는 두 클레이지 보이의 무모한 도전이 만든 기적'이라고 표현했다. 이 말에 크게 공감하면서도 그런 성공적인 운은 우연이 아니라 깊은 관심과 호기심, 열정이 만들어 낸 결과였지 않았나 자평한다.

통영국제음악제 초기 김승근 교수의 저비용 고효율에 기반한 기획력은 큰 효과를 가져왔다. 세계 정상급 연주단체를 통한 위상 확보에 주력하면서도 가능한 한 성공한 아티스트보다 성공 가능성이 높은 신예를 섭외하는 등의 전략과 독일문화원의 적극적인 지원을 활용하는 세계 네트워크 등이 핵심이었다.

다른 드러나지 않은 전략은 '아무도 멀리하지 않고 아무도 가까이하지 않는다'라는 것이었다. 당시 국내 클래식 음악계를 상징하던 김정길, 강석희 교수를 비롯한 제자들이나 황병기, 노동은, 조선우 교수 등 특정한 사람 중심의 축제를 탈피했다. 그렇게 추진하는 것이 여느 음악 축제들이 취하는 손쉬운 방식이긴 했지만, 그 사람의 역량과 맨파워 이상 축제가 발전하기 불가능하다는 점과 그분의 안티 세력들의 불참이나 시기심과 질투 유발의 우려도 있어 당장은 어느 정도 안정적 수준을 확보할지 몰라도 고비용 저효율을 감당해야 했기 때문이었다.

| 동아일보 기사 2003.4 |

필자와 김승근 교수와의 파트너쉽도 이상적이었다. 서로의 빈자리 알아서 메꾸어 주고 생색내지 말아야 한다는 게 둘만의 보이지 않는 약속이었다.

2004년 축제 때 김 교수와 둘이 '통영국제음악제가 이리 빨리 성장할 줄 몰랐지요. 이제는 둑이 무너져 쏟아져 들어오는 홍수처럼 변화 발전해 가고 있어서 우리 힘으로 어떻게 좌지우지할 수가 없는 상황이 되었어요.'라는 말로 서로 공감했다.

 통영국제음악재단은 2014년 통영시로 재단 운영이 이관되어 관 주도가 되기 전까지 설립 초기부터 민관언 협력체계였다. 주요 직제도 재단 이사장(민, 전문가)과 명예 이사장(관, 통영시장), 운영위원장(언론, 마산MBC 사장)으로 상호 보완 관계인 이상적 모델이었다. 전문가들을 중심으로 독립성을 가지면서 사업추진에 있어서 유연성과 신속한 대처, 그리고 정치적 영향력에서 벗어나 안정적으로 축제를 운영할 수 있는 강점이 있는 구조였다.

 그런데도 민간 주도의 재단 운영을 관 주도로 바뀌게 된 핵심적인 사유는 통영국제음악당 관리 운영과 윤이상기념관 관리 운영 때문이었다. 과거의 재단이 정치적 영향력 벗어나 안정적으로 운영되던 데서 관 주도로 전환되는 데에 대한 우려가 컸지만, 통영국제음악재단의 일과 음악당 관리 운영은 따로 떼어놓을 수 없는 일이라 불가피하게 수용할 수밖에 없었다.

3. 감동과 추억의 순간들

뜻밖에 대성공한 교가합창제

통영프린지는 통영현대음악제 2년을 마무리하고 통영국제음악제로 전환되던 2002년부터 도입되었다. 대중성이 떨어지고 실내에서 진행되는 클래식 음악 축제의 분위기를 조성하면서 제한된 실내 공간에서 축제를 즐기지 못하는 관광객들을 배려하는 동시에 통영 지역의 경제 유발 효과를 거두기 위해서였다. 그리고 그 모델은 영국의 에든버러 프린지로 삼았다.

그러나 당시 국내 어느 축제에서도 프린지 개념의 행사가 없을뿐더러 출연료 없는 들러리 행사에 참여할 공연단체나 개인이 있을 수가 없었다.

프린지 도입의 취지는 좋았지만, 현실적 한계에 부닥쳐 있을 때, 막 취임한 마산MBC 대표이사이자 통영국제음악제 운영위원장인 윤건호 사장께서 개인적인 인맥을 동원해 인지도 높은 인기인을 섭외할 테니 '스페셜 프린지'로 이름을 붙여 흥행을 도모해 보자고 제안했다. 그래서 통영프린지 초기에 당시 인기가 많았던 노영심 작곡가, 세 손가락 피아니스트 희야, 연극인 윤석화 등이 통영프린지에 참여하여 성공적으로 정착시키는 데 일조하였다.

| 통영프린지에 출연한 작곡가 겸 가수 노영심 2003.3. |

그렇게 통영프린지를 추진하던 중 통영 관내에 있는 많은 초중고 교가의 작곡이 윤이상임을 알게 되었고 이 교가들을 한자리에서 공연하게 하면 윤이상과의 친밀감과 함께 통영국제음악제에 대한 공감대를 넓힐 수 있겠다는 판단을 재단에서 하였다.

그런데 윤이상 작곡 교가들을 수집하는 동안 마산고등학교와 부산고등학교 등 영남 일대 여러 학교 교가가 추가로 확인되었고 맨 나중에는 서울의 고려대학교 교가까지 윤이상 작곡으로 밝혀졌다.

교가합창제를 준비하면서도 재단 사무국에서는 고민이 깊어졌다. 행사의 목표는 거창했지만, 과연 재미없이 딱딱하기만 한 교가로 흥행을 이룰 수 있을지 의문이었다. 그러던 중에 가수 조영남 씨가 나타나 이 프로젝트에 참여하게 되었다.

 당시 지방MBC는 창사 기념일이 되면 서울 본사에서 진행하는 인기 프로그램을 유치하곤 했는데 마침 마산MBC의 창사 기념일을 맞아 당시 라디오 전 방송에서 최고의 청취율을 자랑하던 '지금은 라디오 시대' 프로그램을 초청해 생방송 진행했다. 당시 마산MBC 윤건호 사장은 방송을 마친 뒤 프로그램 진행자인 조영남, 최유라 등과 저녁 식사 자리를 함께했다. 그때 그 자리에서 윤건호 사장이 조영남 씨에게 '형은 대중가수이면서 성악가인데 통영국제음악제 발전을 위해 뭔가 역할을 좀 해줘야 하는 거 아니냐?'라고 농담 반 진담 반 질문고 뜻밖에도 조영남 씨는 '내가 할 수 있는 역할이 있으면 말해보라'라고 대답했다. 윤 사장은 조심스럽게 윤이상교가합창제 얘기를 꺼내면서 주도적 역할을 좀 해달라고 부탁했다. 그러자 조영남 씨가 흔쾌히 응하겠다고 말하면서 교가합창제 음악감독을 맡겠다고 했다.

 그런 뒤 본격적으로 행사 준비를 함께하는 과정에서 조

영남 씨는 동생인 조영수 교수와 경남대 교수이자 서울대 동기 동창이었던 강미자 교수까지 이 행사에 출연시켰는가 하면 반주를 맡은 관악단의 지휘와 공연 진행까지 맡았다. 조영남 씨가 그렇게 적극적으로 발을 벗고 나서 준 데에는 이미 많이 알려진 대로 윤건호 사장과 조영남 씨의 깊고 오래된 우정 때문이었다.

그러나 그런 준비에도 불구하고 수천 명을 모으는 특별 이벤트로 꾸리기에는 교가합창제가 다소 불안했다. 행사의 비용은 당시 김동진 통영시장이 지대한 관심을 가지고 별도 지원이 확정된 터라 공연의 대중성을 키울 필요도 생겼다.

그런 상황을 고민하던 끝에 당시 2002월드컵을 거치면서 '오 필승 코리아'라는 응원곡으로 인기 절정에 있던 윤도현과 그의 밴드를 초청했으면 좋겠다는 의견이 제시되었다. 그러나 어떻게 인기 절정에 있는 가수를 출연료 없이 섭외한다는 것은 현실적으로 어려웠다. 그렇다고 프린지의 원칙을 훼손하고 정상적으로 출연료를 지급하고 부르기도 어려웠다.

그 문제는 결국 윤건호 사장께서 윤도현을 설득하여 해결되었다. 윤도현 밴드 공연의 유치로 교가합창제의 흥행 여건을 확보하면서 윤이상교가합창제의 출연진과 프로그램은 완성되었다.

2003년 통영국제음악제 6일째였던 3월 30일 오후 6시 30분 통영여객선터미널 광장에서 열린 윤이상교가합창제 '다시 그리고 함께'는 다소 거센 바닷바람 속에서도 광장을 가득 메운 5,000여 명의 관객들이 어우러져 감동은 물결을 이루었다.

통영에서 수천 명의 관중이 모이는 지역 행사는 아주 드문 일이라 프린지 행사로서 성공을 실감케 했고 통영국제음악제의 열정적 축제 분위기를 멋지게 연출해 내었다.

| 통영 스페셜 프린지에 출연한 가수 윤도현밴드 2003.3. |
(사진. 최명만 작가 제공)

| 통영 스페셜 프린지 '윤이상 교가합창제' 2003.3. |
(사진. 최명만 작가 제공)

| 통영스페셜프린지에 출연한
가수 조영남, 조영수, 강미자 교수 2003.3. |
(사진. 최명만 작가 제공)

통영국제음악제의 공식 공연이 작곡가 윤이상의 음악적 가치를, 교가합창제는 윤이상의 고향에 대한 절절한 사랑을 느끼게 하는 무대였다.
  교가합창제에는 충렬초등학교 등 통영 관내 6개 초등학교를 비롯하여 통영여중, 통영고, 고려대 졸업생 합창단이 출연하여 함께 교가를 불러 축제의 분위기를 띄웠다.
  가수 조영남 씨에게 윤이상교가합창제의 총감독을 맡긴 것도 분위기 전반을 이끄는 탁월한 선택이었다. 그는 김용옥 전 고려대 교수를 비롯해 강미자 경남대 교수, 조영수 부산대 교수, 바리톤 김종홍 씨 등이 출연해 눈길을 끌어모았다.
  윤이상교가합창제의 열기는 오후 4시부터 시작된 최종 리허설에서부터 이미 느껴졌다. 고려대학교 합창단을 비롯해 통영의 여러 초중고 합창단과 마산, 부산 지역 고등학교 합창단의 학생들이 무대를 가득 메우며 분위기를 압도했으며, 객석과 행사장 주변도 일찌감치 이곳을 찾은 관객들로 들뜬 분위기였다. 특히 조영남 씨는 최종 리허설을 끝낸 후 57년간 살면서 윤이상 선생이 천재라는 걸 이번에야 느낄 수 있었다.'라며 소감을 밝혔다. 이날 공연에는 윤이상이 작곡한 교가를 비롯해 가곡 <낙동강>, <고풍의상>, <달무리>, <그네> 등과 함께 한국전쟁 당시 불리던 윤이상 동요들이 편곡돼 관객들의 관심을 모았는데 동요 편곡은 전민재(16세·라이프치히 국립음대 재학 중) 군이 맡았다.

| 통영 스페셜 프린지 '윤이상 교가합창제' 2003.3. |
(사진. 최명만 작가 제공)

　1부 마지막 행사 마지막에는 전 출연자가 관객들과 어우러져 <그리운 금강산>과 <우리의 소원은 통일>을 합창했다. 이때 1천여 명의 관중을 덮은 윤이상 초상이 새겨진 대형 현수막이 펼쳐지고, 현수막 아래 관중들은 손으로 현수막을 흔들며 호응해 마치 대형 파도를 연상시키며 축제 분위기가 최고조로 이끌었고, <우리의 소원은 통일>을 합창하며 윤이상이 먼 이국땅에서 그토록 그리던 통일의 염원을 함께 되새기도 했다.

　이 윤이상교가합창제를 준비하는 과정에서 의미 깊은 수확도 있었다. 윤이상 선생이 55년 전에 친필로 작성한 교가 악보 원본이 국내에서 처음으로 발견돼 관심을 끌었다.

통영시 충렬초등학교가 윤이상교가합창제의 출연을 앞두고 행사를 준비하던 중 교무실 캐비닛에서 윤이상 선생의 친필 교가 악보와 청마 유치환 시인이 쓴 가사 원본이 함께 발견되었다. 16절지 크기의 2장으로 된 이 악보는 1948년 9월 제작되어 당시 문교부로부터 교가로 정식 인가를 받은 것으로 표지에 기록되어 있고 악보 뒷면에는 '무겁고 힘차게' 등 구절별로 교가를 부르는 방법까지 만년필로 꼼꼼하게 메모가 돼 있었다.

내 남편 윤이상을 말한다
- 특별 대담 취재기

2005년 정초, 윤이상 선생 타계 10주기를 맞은 그해 무슨 특별한 이벤트를 할 수 없을까? 고민을 거듭하던 중 윤이상 선생 장녀인 윤정 선생께 혹시 이수자 여사님을 고향 통영으로 모실 수 있을지 물어보았다. 그럴 수만 있다면 마산MBC가 방송을 통해 큰 관심을 모을 수 있겠다는 복안에서였다.

그런데 윤정 선생은 아직 그렇게 할 여건 조성이 되지 않아 불가능하다고 했다. 그러나 이수자 여사의 당시 연세가 78세인 점을 고려할 때 시급히 영상자료를 확보해야 한다는 절박함이 있었다. 그래서 위험 부담이 매우 크긴 하지만 서로 왕래가 자유로운 중국 현지에서 대담 프로그램 형식으로 영상 제작을 하면 어떻겠느냐고 다시 제안했더니 가능하다는 대답을 받았다. 그래서 당시 마산MBC 임원과 간부들을 설득해서 윤이상 선생 서거 10주기 특집 대담 프로그램을 기획했다.

윤이상 타계 10주기 특집 '내 남편 윤이상을 말한다'라는 주제로 기획된 이 프로젝트는 중국 베이징시에서 대담을 녹화하기로 하고, 총괄 기획 섭외는 필자가, 대담 진행은 김현 보도부 기자가, 촬영은 우무진 최승호 영상감독이 맡기로 했다.

제작 실무를 김현 기자에게 맡긴 이유는 김 기자가 보도기자로는 드물게 클래식 음악에 관한 관심이 높고 윤이상 관련 특집방송 제작 경험이 있었기 때문이다. 또 해외 제작이라는 여건상 연출과 진행자 등 많은 스태프를 대동할 수 없었고 연출과 진행을 함께할 수 있고 그가 영어에 능통하다는 점도 고려되었다.

특별 대담 프로젝트팀이 꾸려지고, 대담 시나리오는 대략 준비했지만 모두 낯선 중국 현지에서 이루어지는 만큼 모든 상황은 불확실하기만 했다. 그런 가운데서도 노심초사하며 당시 독일에서 북한으로 와 계시던 이수자 여사와 북경을 거쳐 팩스로 소통하는 가운데 본사에서 파견된 북경 특파원에게 조언을 구해 가며 세세하게 준비했다.

2005년 1월 23일, 우리 일행이 도착하던 날에 희뿌옇게 시야를 흐리게 하던 북경의 하늘만큼이나 윤이상 선생의 부인인 이수자 여사와의 대담 녹화는 모든 것이 불확실했다. 열흘도 못 되는 준비 기간에다 서울MBC 북경 특파원의 조언을 받아 다소 안전하다고 판단하고 예약한 호텔의 촬영 여건도 불안하기만 했다.

그런데다 당시 중국 공산당 총서기 자오쯔양(조자양)의 사망으로 여느 때보다도 중국 공안의 언론 통제가 심한 시기여서 카메라, 조명 등 방송 장비를 일절 이송해 가지 못하고 북경지사에서 빌려야 했기 때문이다. 그리고 평양 공항에서 돌발적으로 일어난 이수자 여사의 낙상 사고도 있어 윤이상 타계 10주기를 맞아 마산MBC가 역량을 다해 어렵게 이루어 낸 기회를 놓치게 하지나 않을까? 하는 걱정 때문에 마음이 무겁기만 했다.

북경에 도착하자마자 MBC 북경지사로 찾아가 방송 녹화 장비를 빌려 승합차에 실어 예약한 호텔 방으로 옮기고, 백 세트용으로 미리 제작해서 가지고 간 윤이상 선생 걸개 사진 등을 배치해 보면서 대략의 세트 구도를 가늠해 보았다. 이수자 여사 일행과 약속한 호텔로 찾아간 것은 1월

23일 저녁 6시 경이었다.

 이수자 여사와 장녀 윤정 씨 등 일행 5명은 우리가 도착하기 전에 미리 약속 장소에 나와 있었다. 스카프를 세련되게 두르고 짙은 갈색 가죽 코트 차림을 한 이수자 여사의 첫인상은, 그동안 두어 차례 전화 통화를 했음에도 불구하고 이지적인 분위기를 지닌 인텔리 여성으로 느껴졌다.

 저녁 만찬 장소는 숙소에서 멀지 않은 한국식 횟집이었다. 횟집을 택한 것은 이수자 여사가 윤이상 선생처럼 해산물을 좋아하는 데다가 우리 일행과 좀 더 친숙하고 허심탄회하게 얘기를 나눌 수 있는 분위기를 조성하기 위해서였다.

 만나서 첫인사를 겸해 '고국이 아니 남의 나라에 와서, 그것도 열악한 제작 여건 아래 여사를 모시게 된 게 안타깝다'라고 하자 여사는, '평양의 중앙방송에도 출연 한 번 안했는데' 하시면서 윤이상 선생의 기념사업을 위해 여러 방향으로 애쓰고 있는 마산MBC에 다양한 수식어를 동원해 감사를 표했다.

 횟집에서 여사와 즐겁게 저녁 식사를 하면서 국내 최근 상영 영화 얘기, 한국 남자들 잘생겼다는 얘기, 부산과 통영에서 겪었던 젊었을 적 얘기, 전혁림, 김춘수, 박경리 선생 얘기 등 여러 고향 얘기를 나누었다. 윤이상 선생의 명예 회복과 기념 사업에 대한 부분에서는 단호한 어조로 말씀하셔서 녹화 제작 때의 분위기를 어느 정도 예견하게 했다.

녹화 장소로 활용해야 하는 때문으로 어쩔 수 없이 제작 스태프들이 북경 최고급 호텔의 스위트룸에 투숙했지만, 두 영상감독은 밤새 걸개 사진을 알맞은 위치에 걸고 탁자와 소파, 화분을 이리저리 옮기며 녹화 준비로 잠을 설쳤다. 또 프로그램 완성에 큰 역할을 해야 할 김현 기자는 대담 원고를 다듬고 익히느라 탁자에 엎드린 채 밤을 새워야 했다.

다음날 약속했던 9시 10분보다 일찍 도착한 이수자 여사는 방송에 대비한 옷매무새와 화장에 빈틈 없었고 애초 요구했던 것보다 매우 적극적으로 협조를 하여 방송에 출연하기까지 작심을 거듭한 듯 느껴졌다.

이수자 여사는 윤이상 선생과의 첫 만남을 '건강이 매우 좋지 못했지만, 문학적으로 아주 성숙하고 다정다감한 노총각 선생이었다'라고 첫 대화를 풀었다. 윤이상과의 첫 만남부터 부부로 함께 한 삶과 자녀 둘의 양육에다가 결혼생활 6년을 못 넘기고 유학을 떠난 남편을 대신해서 어렵사리 생활을 꾸려나간 얘기, 각자의 어려운 상황 속에서도 애틋하게 주고받았던 편지 얘기, 그리고 당시 자녀들에 대한 음악교육 등 가족사에 관한 이야기를 비롯해 부인으로서 보는 윤이상 선생의 음악 세계에 대해 거침없이 풀어놓았다.

부산에서 남편의 성공 소식을 처음 접했을 때의 느낌을 묻자 이 여사는 기쁜 일이기는 했지만 유명하게 될 것을 바란 적도 없고 선생의 진실하고 성실함을 사랑했기 때문에 성공하지 않았어도 남편을 생각하는 마음은 같았을 것이라고 했다.

이 여사는 전체 대담 가운데 동백림사건에 대해 비교적 많은 시간을 할애했다. 때로는 분노어린 어조로, 때로는 눈물 어린 슬픔을 극도로 자제하면서 혹독했던 당시의 고문과 회유, 전 세계의 음악인들과 독일의 지성인들이 한마음으로 들고 일어나 구명운동을 펼쳤던 일, 석방된 후에 몇 차례 시도되다 실패한 귀국 이야기들을 차근차근 풀어내며 뒤틀린 채 잊혀가고 있는 역사를 바로잡으려 애쓰는 모습을 보여주었다.

그리고 당시 감옥에서도 곡 쓰는 일을 쉬지 않았던 윤이상의 50세 생일을 맞아 자신의 머리카락을 잘라 만든 흑장미를 선물했던 기억을 떠올리기도 했다. 그러면서 '나는 남편에게서 빨갱이를 느끼지 못했고 민족정신과 정의, 역사의 편에 서 있는 것만 느꼈다'라고 힘주어 말했다.

음악가로서의 윤이상과 통영에 대해서는 '남편이 민주주의를 신봉하는 민족주의자로서 또 동서양을 아우르는 세계적인 음악가로 성공하기까지 선생의 예술세계와 철학, 사상의 바탕이 된 것은 통영'이라고 말했다. 그런 남편으로부터 통영에 관한 이야기를 수도 없이 들어 통영을 직접 다녀간 적이 한 번도 없지만, 통영에 대해 잘 알고 있다는 이수자 여사는 남편의 고향 통영에서 자리를 잡아가고 있는 통영국제음악제와 관련해서 '고향 사람들이 윤이상을 잊지 않고 뜻을 기려 음악제를 만들고 애쓰는 모습에 감격했다'라며 고마움을 전하는 한편, 유가족으로서 느끼는 미흡한 점을 지적하기도 했다.

그리고 윤이상 선생의 묘비에 새겨져 있는 처염상정(어떤 곳에도 물들지 아니하고 항상 깨끗하다는 뜻)처럼 세계평화와 화합과 순수 인류 평화를 추구한 윤이상 선생의 작품 세계와 삶을 공감하면서 대담은 마무리되었다.

대담은 2시간 30여 분에 걸쳐 진행되었지만, 이수자 여사는 꼭 대담에 연습을 많이 한 듯 편하게 말씀하셨다. 그러고는 말씀의 끝에 '남편이 유명하게 되도록 바란 적도 없고 진실하고 성실함을 사랑했기 때문에 실패한 남편이었어도 저의 사랑은 변함없었을 겁니다.'라고 다시 한번 강조

하셨다. 남편 윤이상 선생에 대한 끝없는 사랑과 믿음 그리고 존경을 함축적으로 담은 표현이라고 느껴졌다.

대담을 마치고 근처 중식당에서 늦은 점심을 함께하면서 이 여사는 말이 별로 없었다. 방송을 통해 처음으로 지나온 삶을 얘기하긴 했지만, 만감이 교차하는 듯 보였다.

| 2005년 베이징, 방송 제작을 마치고
이수자 여사, 윤정, 필자와 김현, 장용철, 조희창과 방송 스테프 |

이튿날 북경 공항에서 이 여사로부터 전화 연락이 왔다. 평양 공항에서 입은 낙상의 통증도 되살아나고 방송 출연을 철저히 피해 오다 장시간 노출했기 때문에 혹시 잘못된 부분은 없는지 밤새 잠을 설쳤다고 하셨다.

그리고 마산MBC가 나서서 고향과 고국 분들에게 유가족의 뜻을 알리기 위해 특별히 시도한 일인 만큼 다소 오해의 소지가 있는 부분이 있다면 걸러 달라는 부탁을 말씀 뒤에 꼬집어 달았다.
 이 대담 프로그램은 3월에 경남권 방송을 하고 이후 전국으로도 방송되었는데 당시 국가정보원 과거 사건 진실규명을 위한 발전위원회가 동백림사건을 포함한 7건의 사건을 우선 조사 대상으로 선정한 직후여서 많은 관심을 모았다.

윤이상 타계 10주기 북한 행사 참관기

 윤이상 선생 타계 10주기를 맞아 추모 행사를 준비 중이던 북한 측으로부터 평양행사에 참관해달라는 통지가 윤이상평화재단을 거쳐 통영국제음악제로 왔다.
 이 사업은 윤이상 선생의 업적을 앞세워 남북의 교류와 학술적 사업을 주도하던 윤이상평화재단과 선생의 예술적 업적을 널리 공감하고 기리기 위해 고향 통영에서 국제음악제를 주관하고 있는 재단법인 통영국제음악제 주요 인사들로 '윤이상 10주기 행사위원회'를 구성해서 북한을 방문해 달라고 북한의 평양 윤이상음악연구소가 초청하면서 북한 방문이 성사된 것이었다.

| 평양 순안공항에서, 2005.10. |
진의장 시장, 정동배 시의회 의장, 박진해 마산MBC사장 등

 통영국제음악재단과 통영시는 심사숙고 끝에 동참하기로 하고 대표단을 구성했다. 당시 방문단은 윤이상평화재단의 이사장을 맡고 있던 통일부 장관을 역임한 박재규 경남대 총장과 임원 다수, 그리고 통영국제음악제 측에서는 진의장 통영시장, 정동배 시의회 의장과 고위 공무원, 박진해 마산MBC 사장, 필자와 이용민 사무국장, 김현 기자 등으로 구성했고, 윤이상 영화 제작을 맡은 영화제작사 대표와 독일 베를린 윤이상 앙상블 단원을 포함 총 23명이었다.
 공식 일정은 10일 24일부터 29일까지였다. 북한의 최대 자랑거리였던 아리랑 공연 기간 중 남북 직항로가 열려있

긴 했지만 남의 나라 중국을 둘러감으로써 지구상에서 가장 가깝고도 먼 나라라는 걸 실감했다.

평양으로 가는 여정은 쉽지 않았다. 북경에서 1박을 하고 다음날 아침 10시 북경공항에서 평양으로 출발 예정이었지만 출발시간이 세 번이나 연기되어 기다리는 마음이 초조했다. 세계 여러 나라에서 북한을 찾는 승객들이 북경에서 갈아타야 하기 때문이라 짐작했다. 12시 30분에야 비행기에 탑승하긴 했지만 그 이후에도 무한정 대기하다 2시 15분경에야 평양으로 출발할 수 있었다. 150명 정도 탑승한 작은 비행기는 비좁았고 기내식은 식은 밥에 닭고기 카레가 나왔다. 그리고 3시경 북녘땅으로 진입하면서 기내에서 안내방송이 나왔다.

'지금 여러분은 그 옛날 위대한 김일성 수령님께서 항일 독립투쟁을 하시면서 넘나들던 압록강을 지나고 있습니다. 지금 평양의 날씨는 개었습니다.'

3시 40분 순안공항에 도착했다. 2005년 10월 25일 평양의 하늘은 맑았다. 순안공항은 615 남북 공동성명 때 TV에서 보던 것과 달리 확장했는데도 우리의 시외버스터미널 같은 느낌을 받았다.

입국 절차는 간단히 끝났고 공항에서 단체로 기념 촬영을 한 뒤 곧바로 숙소인 고려호텔로 이동했다. 대형 버스는 현대자동차에서 생산한 차였다. 오후 5시에 평양 윤이상음악연구소를 방문하여 주요시설을 관람하며 취재하고 저녁에 환영 리셉션에 참석했다.

오전에 평양 시내를 관람하고 오후 4시에 윤이상음악당에서 열린 '윤이상 서거 10돐 추모음악회'를 관람했다. 첫 연주회에서는 윤이상 곡 <공후>와 가곡 <고풍의상>, <바이올린협주곡 제3번>과 차이콥스키 롯시니 곡이 연주되었다. 다소 낭만주의풍이 느껴졌지만, 윤이상 음악 전문 연주단체답게 윤이상 관현악단의 연주는 훌륭했다.

| 윤이상음악연구소 홍보 책 2005.10. |

| 평양 윤이상 서거 10돐 추모음악회 2005.10. |

 이날 저녁에는 능라도에 있는 5·1경기장에서 열리는 '김일성 계관 작품 대집단 체조와 예술 공연-아리랑'을 관람했다. 총출연 인원 12만 명이 펼치는 카드섹션과 집단체조, 군무, 서커스가 이어지는 공연 내용은 김일성과 북한 인민들의 투쟁사와 통일 의지를 담고 있었고, 북한 정권 홍보가 두드러지게 표현되었다.

| 아리랑 공연 홍보 책 2005.10. |

| 강서고분에서 북한 안내원과 2005.10. |

　다음 날 오전에는 동백림사건의 실마리가 됐던 유네스코 세계문화유산 강서 세 무덤을 관람하면서 윤이상 곡 <영상>을 생각했다. 멀리서 무학산이 두르고 있는 강서고분의 큰 무덤은 사신도로, 중간 무덤은 견우직녀 벽화로, 작은 무덤은 벽화가 없는 것으로 알려져 있는데, 큰 무덤 내부를 일행에게 특별히 공개하며 남측 방송 사상 처음으로 단독 촬영을 허용해 주었다.

　벽을 차고 나올 것만 같은 생생한 색상과 선이 선명한 청룡, 백호, 주작, 현무의 사신도를 보면서 '고구려 문화의 위대한 영광'에 가슴 벅찬 감동을 받았다.

이날 11시부터는 인민문화궁전에서 열린 윤이상 음악연구소 주최 '윤이상 음악 연구토론회'를 참관했다. 심포지엄과 유사한 진행으로 윤이상의 다성음악, 표현 방식, 50년대 윤이상의 음악과 독특한 표현 수법, 연주법 등이 폭넓게 연구 발표되었다.

| 윤이상 음악 연구토론회 2005.10. |

오후 4시경에 북한의 조선영화촬영소를 방문하여 촬영세트장과 박물관을 견학하고 저녁 6시부터 이틀째 열린 공연 '독일 베를린 윤이상앙상블 연주회'를 참관했다. 모두 윤이상 곡으로 연주됐는데 특히 마지막 곡으로 연주된 <영

상>은 동백림사건과 깊이 관련 있을 뿐만 아니라 강서고분 사신도를 소재로 작곡된 곡이어서 대단한 감흥을 받았다.

28일은 중국주석 후진타오의 방북으로 환영인파로 붐비는 평양 시내를 벗어나 한민족의 성산인 묘향산으로 갔다. 국제친선전람관 안에 있는 김일성 주석과 김정일 위원장 선물관을 거쳐 북한 최대 사찰이자 윤이상 선생의 위패가 모셔져 있는 보현사를 찾아가 참배했다.

만폭동과 인호대를 배경으로 단풍이 절경을 이루고 있는 묘향산 중턱 계곡에서 야외 만찬이 열렸다. 아코디언과 하모니카 등으로 구성된 즉석 연주단과 어울려 식후에 노래를 부르며 우의를 다졌다. 반가운 만남을 위해 <반갑습니다> 등 북한노래를 주로 들었는데 마지막에는 묘향산이 울리도록 함께 겨레의 노래 <고향의 봄>을 얼싸안고 울면서 불렀다.

이날 저녁에는 윤이상관현악단이 주도하는 추모음악회 마지막 날 연주회를 관람했다. 평화와 화해를 노래한 <현악4중주>와 동백림사건 때 감옥에서 불굴의 의지를 다지면서 작곡한 <률>, 묘향산 계곡 물소리를 연상시키는 듯한 <인상> 등이 연주되었다.

이어 고려호텔 2층 대연회장에서 우리 일행과 윤이상앙상블, 북측대표단, 윤이상관현악단의 모든 단원, 공연에 참여한 인민배우가 모두 함께하는 만찬에 참석했다. 여기서 우리는 윤이상연구소와 통영국제음악제의 교류를 희망하며 북측 음악인들과 수없이 대화하고 건배했다.

이수자 여사는 만찬이 끝나고 헤어지기 전 마산MBC 일행에게 각별한 관심을 보이면서 별도 시간 가졌다. 이 자리에서 일이 잘 풀려 내년쯤은 고국 땅을 밟고 싶다고 심경을 피력했다.

북한 방문 일정 중 제일 처음 만난 북한 사람은 보라색 치마와 흰색 블라우스 차림의 북경발 평양행 고려항공 여승무원이었다. 말씨 탓인지 우리가 서구화된 탓인지 다소 이질적인 느낌 받았다.

| 윤이상 선생 부인 이수자 여사와 2005.10. |

윤이상 선생의 장녀 윤정 여사와 북측 안내원 3명은 공항의 마중에서부터 배웅까지 전 일정을 함께 했으며, 윤이상 선생의 부인 이수자 여사도 숙소만 다를 뿐 4일간의 중요한 일정은 모두 함께했다. 대표단의 주요 인사인 박진해 마산MBC 사장과 진의장 통영시장은 이수자 여사와 첫 만남이었고 필자와 단독 취재를 담당한 김현 기자는 북경의 특별 대담 제작 이후 두 번째 만남이었다.

  북측 안내원은 대체로 엘리트들이었으며 주요 관광지마다 배치된 안내 도우미들은 한복차림으로 연령층이 다양했고 낭랑한 목소리에 사진 촬영은 물론 즉석에서 노래도 잘 불러줄 정도로 적극적이었다. 회의장이나 공연장 등 공식적인 자리에서의 북측 사람들 복장은 남자의 경우는 정장과 인민복이 반반 정도였지만, 여성들은 대부분 한복차림이었다.

  윤이상 선생의 부인 이수자 여사와의 대화는 주로 식사 시간이나 연회 시에 이루어졌는데 북한의 고위층 인사가 참석하지 않는 식사 때는 대부분 마산MBC 팀과 함께 자리하며 강한 신뢰감을 표현했다. 고향 방문과 명예 회복, 통영국제음악제, 남북의 윤이상 기념 사업 관련 교류에 대해 진지하게 의견을 나누었고, 진의장 통영시장과 박진해 마산MBC 사장은 손을 잡고 기뻐하며 모든 오해와 갈등이 풀린 모습을 자주 보였다.

  4박 5일의 일정 중 공식 만찬과 윤이상 추모 공연 행사, 음악 연구토론회 등에는 문화성과 문화예술 총연맹위원장, 민화협 위원장 등 장관급에 해당하는 북한의 고위층 인사들이 연일 참석하여 윤이상 선생에 대한 예우와 방북단의 행사 참관에 대한 의의를 크게 두었다.
  남북이 공동으로 쉽게 추진할 수 있는 윤이상 연구토론회 개최에 대해 마산MBC 사장이 평양 윤이상 음악연구소장에게 제의하자 실무자들과 의논해 보겠다고 답하였다.

  비행기에서 내려다보는 북녘의 국토는 대부분 민둥산이었다. 난개발로 인해 흉한 모습을 하고 있어 조림이 잘된 남녘과 비교가 되었다. 도로는 사방팔방 잘 닦여 있어도 이동 차량은 많이 보이지 않고 골짝마다 저수지가 잘 건설되어 있었다.

  숙소인 고려호텔은 평양 시내 중심부에 있는 북한의 대표적 호텔로 45층짜리 2개 동에 다양한 편의시설을 갖추고 있었으며, 건립된 지 20년이 지났는데도 내부 시설이 매우 훌륭했다.

  고려호텔과 지척의 거리에 있는 평양 윤이상음악연구소

는 15층 대리석 건물로 560석의 윤이상 음악당과 2관 편성의 윤이상 관현악단의 상주, 윤이상 박물관과 연습실, 작곡실, 음악감상실, 사무실을 갖추고 있었다. 음악 연구 사업, 편집출판 사업과 음악 연주 활동, 통일 음악 교류사업을 추진하고 있어 북한이 윤이상 모시기에 정성을 기울이고 있다는 느낌을 받았다.

출입이 제한적이라 우리 일행은 고려호텔 45층 꼭대기 회전 레스토랑에서 주로 친교의 시간을 가졌다. 평양 시내를 조망할 수 있다는 기대를 했지만, 전력난으로 불빛 없는 평양의 야경은 깜깜한 들판과 같았다. 그나마 가을철이 낫다는데 겨울에는 정말 심각한 듯 보였다. 평양의 도심 도로는 차량 통행이 적었고 교통신호등 같은 안전 시설물도 정체도 없어 시내를 이동하는 데 걸리는 시간이 짧았으며 여자 교통 요원의 수신호만으로 통제하고 있었다.

평양 시내를 흐르는 보통강은 맑지 않았지만, 호수처럼 고여 있는 듯했고 수양버들 늘어진 능라도를 감싸고 흐르는 대동강도 수량이 가득해 도심 호수공원을 연상시켰으며 강가에는 낚시하는 사람들과 빨래하는 사람들이 많이 보였다.

식사는 주로 고려호텔 연회실과 식당에서 축하연과 함께 했으며 바깥에서는 평양의 주요 음식점에서 특별식으로 이루어졌다.

 평양 대동강 변 옥류관에서의 냉면과 평양 단고기집에서의 보신 요리가 특별했다. 냉면은 우리식의 1인분 2인분이 아닌 그램 단위로 팔았는데 200그램이 1인분이었으며 맛이 담백하면서도 면이 질기지 않았다. 평양 단고기 요리는 부위별 다섯 차례 코스로 음식이 나왔으며 국물이 자작하게 담긴 평양 김치 맛이 입에 감겼다.

 인구 2백만 평양의 건물 역사는 50년이라고 했다. 6·25 한국전쟁 때 모두 파괴되어 아무리 오래된 건물도 50년이 넘지 않는다고 하였다.

 우리 일행이 방문했을 때 북한의 농촌 들판은 가을걷이가 마무리되어 가고 있었고 모두다 '가을걷이 전투로!'라는 구호와는 상반되게 집단으로 모여 작업하는 사람들의 움직임은 느려 정물화를 보는 듯한 느낌이 들었다. 마지막 전야인 28일 밤 12시 창밖으로 보이는 평양 시내는 여전히 깜깜했고, 우리는 쉽게 잠들지 못하고 뒤척이며 밤을 보냈다. 다음날 이른 아침. 후진타오 주석의 방북 환영 함성이 남아 있은 듯 술렁이는 평양 거리를 지나 순안공항에 도착했다. 윤정 씨가 어머니 이수자 여사의 배웅 안부를 전하는 가운데 일행들은 북측 안내원과 일일이 악수하고는 작별했다.

| 윤이상 선생 장녀 윤정 여사와 평양 시내에서 2005.10. |

 북경을 향해 힘차게 활주로를 박차는 고려항공은 들어올 때보다 가볍게 느껴졌다. 선물을 풀어놓고 온 때문만은 아닌 듯했다.

금강산에서 남북한이 함께 울린 윤이상의 음악
- 2006 금강산음악회

 윤이상평화재단이 2006년 4월 29일 금강산 문화회관에서 '금강산 윤이상음악회'를 개최하기로 북측과 합의하고 통영국제음악제에 협력을 요청해 왔다. 재단의 창립 1주년을 기념하는 동시에, 고 윤이상 선생의 음악 업적 발전과 명예 회복을 촉진하기 위한 목적에서다.

이는 평양행사 때 남북한 음악 상호 교류에 대해 긍정적으로 논의되었던 터라 어느 정도 예견된 일이긴 했지만, 윤이상 선생에 대한 이념적 시비에게서 벗어나지 못한 때여서 참여 결정하는데 숙고했다. 당시 이홍구 통영국제음악재단 이사장과 진의장 통영시장을 비롯한 음악재단 측은 물론 경상남도와도 심도 있는 협의를 거쳐 윤이상평화재단의 제안을 수용했다.

| 신계사에서 진의장 통영시장, 전영근 작가와 2006.4. |

행사는 크게 1부 금강산 신계사에서의 기념식에 이어, 2부 문화회관의 음악회, 그리고 공연 후의 리셉션 만찬으로 구성되었다.

이 행사에는 지금까지 남한에서는 연주가 공개된 적 없는 평양 윤이상관현악단을 금강산으로 초청하여 그들의 음악 세계를 선보이고, 남측에서는 이들의 공연에 앞서 TIMF앙상블과 국립국악원 단원들이 참여하여 공연하는 등 전 후반부로 나누어 공연 편성을 하기로 했다.

평양 윤이상관현악단은 1984년에 창설된 <윤이상 음악연구소> 산하 2관 편성 오케스트라로 지금까지 2천 회가 넘는 국내외 공연을 수행해 온 북한 최고급 연주단체로 손꼽힌다.

금강산음악회에는 특별히 아직 남쪽 땅을 밟지 못한 윤이상 선생의 부인 이수자 여사가 기자 간담회에 참석하기로 예정되었다. 이수자 여사가 남측 기자단과의 공식적 간담회를 갖는 것은 최초의 일이었다.

이 금강산음악회에 북측에서는 윤이상 관현악단 연주자 포함 약 50명의 음악가와 인사들이 참여하고, 남측은 약 230명의 인원이 금강산에 모이는 것으로 정리되었다.
남측의 참가단 구성은 국립국악원 창작 연주단, TIMF 앙상블을 위시한 음악인들과 함께 이종석 통일부 장관, 현정은 현대그룹 회장, 유르겐 카일 독일문화원장을 비롯해 다수의 국회의원, 그리고 윤이상평화재단 측에서는 박재규 이사장과 장용철 사무국장 등 임원들이 참여하였다.

경상남도와 통영국제음악재단 측에서는 공창석 행정부지사와 도청 공무원, 진의장 통영시장과 공무원, 박진해 마산 MBC 사장과 필자, 취재 보도를 위해 김현 기자와 함께 도내 중요 기업인, 통영시 문화예술계 인사가 합류했다.

이렇게 하여 공식적으로 금강산음악회의 주최는 윤이상평화재단, 주관은 (재)통영국제음악재단, 국립국악원, 국제윤이상협회로 정리되었다.

4월 28일 금강산호텔 1호 식당에서 윤이상평화재단 이사장 초청 석식이 있었고, 직후에 옆 식당에서 이수자 여사 기자 간담회가 열렸다.

| 금강산음악회 현장 금강산 문화회관에서 2006.4. |
| 금강산음악회 팸플릿 2006.4. |

다음날인 4월 29일 오후에 금강산 신계사에서 개막행사가, 공식 음악회는 4월 29일 오후 6시 30분 금강산 문화회관에서 열렸다.

금강산음악회 1부 순서는 장일범의 사회로 통영국제음악제의 홍보대사 역할을 담당하는 현대음악 전문 연주단체 TIMF 앙상블이 열었다. TIMF 앙상블의 예술감독인 최우정 서울대 교수의 지휘로 연주한 곡은 파헬벨의 <캐논>이었다. 이어서 국립국악원 창작악단이 윤이상 초기 가곡 <편지>와 <추천>, 그리고 <남도 아리랑>을 연주했다.

2부 순서는 북측 최성화의 사회로 평양 윤이상 관현악단 중심으로 <봄타령을 주제로 한 소품>, 남성민요복창 <금강산타령>과 <토장의 노래>, 기악9중주단의 <즐거운 무도곡>, 윤이상 가곡 <고풍의상>, <달무리>, 맨델스존 <현악8중주 1악장>, 마지막으로 윤이상의 관현악곡 <협주적 단편>이 연주되었다.

금강산음악회에는 국내 주요 언론사에서 추천한 특별 취재진이 동행하여 취재 경쟁을 했다. 그런데 행사 일정 중에는 기사를 송고할 방법이 없고 사후 보도밖에 할 수 없었는다. 그런데 그때 마침 서울 본사 MBC가 MBC창작동요제 특집을 금강산에서 개최하며 중계차가 현지에 배치되어 있어서 이미 구축된 위성중계시스템을 이용해서 마산MBC

는 실시간으로 독점 보도하는 성과를 거둘 수 있었다.

 남북의 음악인들이 윤이상 선생을 매개로 금강산에서 펼친 음악회는 4월 29일 저녁 금강산 옥류관에서 열린 만찬으로 마무리되었다.

4. 통영과 통영국제음악제의 끊임없는 발전을 희망하며

윤이상과 결합한 통영의 아름다운 자연과 전통문화가 통영국제음악제를 단기간에 국제적 반열로 성장시켰지만, 음악제가 조기에 경쟁력을 가지게 된 데는 몇 가지 특징이 있다.

첫 번째 요인은 윤이상이라는 국제적 브랜드와 통영의 유무형 자산과의 결합이었고, 세계적인 음악가들이 통영을 다녀간 힘이 컸다. 주빈 메타와 빈 필, 정명훈과 라디오 프랑스 필, 세종솔로이스츠, 몬테베르디 합창단, 조르디 사발과 에스페리옹21, 상트페테르부르크 필 등 세계 정상급 연주단체와 함께 프란시스 트래비스, 하인츠 홀리거, 탄둔, 진은숙 등 다양한 음악인들과 내로라하는 세계적인 음악학자들이 통영을 방문하여 윤이상을 내걸고 개최하는 축제의 성공에 힘을 보탰다.

다음은 축제 전문가들의 기획 섭외력, 안정적 예산과 행정 지원, 주관 언론사의 가치 포장과 입체적 홍보라는 음악제 추진체계의 효율적 결합이었다. 국제적 경쟁력을 가진 축제들이 대부분 그러하듯이 자치단체와 방송사 그리고 전문가 집단이 결합하여 주최한 점이 탁월한 선택이었다.

그리고 국내에서 유일한 연중시즌제의 도입이다. 윤이상의 업적을 기리는 방안으로, 현대음악과 초연곡 위주로 편성되는 봄시즌 축제와 윤이상 음악과 현대음악의 올바른 이해와 기량 전수를 위한 여름 아카데미, 그리고 윤이상국제음악콩쿠르와 클래식 음악 연주가 결합하는 가을시즌을 통해 통영에서 연중 최고의 음악을 즐기게 한 것이다.

축제의 주변부 프린지 공연도 한몫했다. 국내외에서 참가를 원하는 팀이 매년 급격히 증가하여 수용의 한계를 넘으면서 엄격히 심사하여 선별할 정도였다.

축제의 성공 요인 중 또 하나의 중요한 축은 지역민들의 자발적인 참여다. 티켓 사주기, 각종 부대행사 참관하기 등 통영국제음악제를 지원하기 위해 시민들이 자발적으로 조직한 '황금파도'가 큰 역할을 했다.

통영국제음악제에 참가하여 통역과 행사장 안내 등의 보조업무를 하는 자원봉사 조직의 구성원과 활동도 전국에 정평이 날 정도였다. 매년 필요 인원 60여 명의 두 배 이상의 신청자들이 몰려 면접으로 가려 뽑아야 했다.

통영국제음악제의 홍보와 윤이상 음악의 전파를 맡은 통영국제음악제의 상주 연주단체인 팀프(TIMF) 앙상블의 역할도 컸다. 2003년에 조직된 팀프 앙상블은 음악제와 더불어 급성장하여 국내 활동은 물론 동남아와 중국, 독일, 미국 등 세계의 국제음악축제 행사에 참여하였는가 하면, 영화음악계에서도 활발히 활동했다.

마지막으로 공식 공연의 유료화가 조기에 정착된 점이다. 통영국제음악제의 공식 유료 공연 행사는 매년 80%를 웃도는 좌석 점유율을 보였다. 클래식 연주 음악 행사임을 고려할 때 경이적인 결과였다.

이러한 통영국제음악제의 노력은 문화관광부 예술 공연 평가에서 초기 연속 3년간 A등급을 받는 성과를 이루어 냈는가 하면 이외에도 남북한 간 음악적 교류의 가능성을 확인했고 중국의 칭다오 국제음악제를 포함해 아시아 각국에서 모범사례로 관심을 끌기도 했다.

그러나 통영국제음악제가 겉으로 드러난 성장 일변도 못지않은 난제들도 많았다. 정치권력의 변화에 따른 윤이상 선양사업의 희비, 재정 지원 규모의 변동, 재단 운영에 대한 변화 등 우여곡절도 수없이 겪었다.

통영국제음악제의 발전은 곧바로 통영의 발전으로 이어졌다. 90년대 말까지만 해도 수산업의 퇴조와 함께 활기를 잃고 시들어가던 부와 문화 전통의 도시 통영이 발 빠르게 문화관광의 도시로 방향을 바꾼 이래 불과 4반세기밖에 되지 않는 짧은 기간에 세계적인 명품 도시로 변모해 갈 줄은 아무도 예측하지 못했다.

 통영국제음악제를 계기로 통영은 국제적인 문화예술 관광의 도시, 남해안의 중심도시로 우뚝 선 것이다. 궁극적으로 통영인들은 윤이상을 사랑했고 윤이상은 고향 통영에 국제적 문화 관광도시를 선물한 것이다.

 '윤이상과 쪽빛 통영 바다의 결합'은 시간이 지나도 변할 수 없는 통영국제음악제의 정체성이다. 그러나 축제의 모델은 변화 발전 추이에 따라 변해야 한다. 문화의 세기 들머리였던 2000년에 시작한 통영현대음악제의 모델은 윤이상 선생의 유럽 데뷔 무대였던 독일의 도나우 엣싱겐 음악제였다. 그리고 두 번의 큰 성공을 기반으로 성장한 통영국제음악제의 초기 목표는 '한국의 잘츠부르크'였고 곧바로 '아시아의 잘츠부르크'로 바뀌었다. 한국 대표를 넘어 아시아 최고의 클래식 음악 축제로 목표가 재설정된 것이다.

 이제 통영국제음악제는 세계 클래식 음악계가 주목하는 아시아 정상급 축제로서의 위상을 가지고 있다. 그런가 하면 세계 최정상급 작곡가 반열에 오른 진은숙 예술감독의 진두지휘 아래 탁월한 실무 기획 능력과 국내외 인적 네트워크를 가지고 있는 김소현 예술기획본부장을 중심으로 전문성을 갖춘 구성원들, 25년 음악 축제의 입체적 실무가 누적된 재단 조직 시스템이 원활하게 가동되고 있는 지금

이야말로 통영국제음악제는 다시 한번 도약할 수 있는 최적의 기회가 아닌가 여겨진다.

그래서 이쯤 중장기 비전을 다시 설정해야 할 것으로 보인다. '아시아를 넘어 세계 최고'가 그 목표가 되기를 희망한다.

| 진은숙 통영국제음악제 예술감독과 함께. 2025. |

제2부
한국 아동문학의 거목 이원수와
한민족의 노래 <고향의 봄>

1. <고향의 봄>기념사업의 여정

<고향의 봄>과의 첫 인연

 동원 이원수 선생을 선양하는 사업과 인연을 맺은 지 28년이 넘었다. 여러 문화 인물 선양사업을 해오면서 '운명적인 만남'을 체감해 왔지만, 그 일을 처음 시작한 뒤 자기가 좋아하는 일이어서 놓지 못하는 이유도 있지만 대안이 없어 어쩔 수 없이 일을 이어가는 일도 있다는 것을 알았다.
 나의 경우는 이원수 선생과 <고향의 봄>을 선양하는 일은 이 두 가지가 중복된 경우이다. 아동문학을 전공하지도 이원수와 <고향의 봄>의 가치에 깊이 공감하지 못한 상태에서 서서히 몰입된 일이었기 때문이다.
 그리고 윤이상 선생의 경우처럼 내가 실무에 거리를 두더라도 사업을 확장 발전시켜 갈 다른 유능한 후배들이 많이 있으면 손 놓을 수도 있었을 터인데 이원수 선생은 그렇지 못해 지금까지 일을 이어온 것이 두 인물 선양사업의 차이이기도 하다.

 그런 이유로 이원수 선생 선양사업 관련해서는 2007년 암 투병 시 생사의 갈림길 위에서도 직장인 마산MBC와 창원예총 회장 등 여러 일 중에서 내가 마지막에 내려놓아야 할 일로 결정할 만큼 나는 지금까지 이 사업을 숙명으로 여기고 있다.

그래서 요즘도 자주 <고향의 봄>의 가치를 널리 알리는 일과 이원수 선생의 업적을 기리는 '이원수문학관'의 운영에 대해서는 '좋아서도 또 발을 뺄 수 있는 여건이 안 되기도 해서 힘이 닿는 데까지 가보자'라고 늘 다짐하는 편이다.

이원수 선생이라 하면 문학에 관심이 전혀 없는 사람이라 할지라도 <고향의 봄>과 함께 우리 국민이 익히 잘 알고 있는 아동문학가이다. 그런 이원수 선생과 <고향의 봄>을 기리는 행사를 처음 접한 것은 1992년, 갓 등단하고 창원문인협회에 가입하여 사무국장으로 일하면서였다.

당시 창원시에서는 시민의 날 기념 예술 행사로 1987년부터 '고향의 봄 예술제'를 예총 산하 전 장르에 걸쳐 진행하고 있었다. 문학은 고향의봄백일장을, 미술은 고향의봄사생대회, 음악은 고향의봄음악제, 사진은 고향의봄사진촬영대회 등이다. 그래서 자연스레 <고향의 봄>과 창원은 특별한 연관이 있는 것으로만 생각하며 행사를 치렀다.

그러다가 90년대 중반에 뜬금없이 이 '고향의봄예술제'가 '야철예술제'로 이름이 바뀌었다. 한국기계공업의 중심이라는 당위성을 확보하기 위한 창원시의 아이디어였던 것으로 기억된다. 당시에 좀 황당하긴 했지만, 이원수의 출생이 양산인지라 더 이상 의구심은 생기지 않았다.

그러다가 이원수 선생과 처음 만나는 계기는 내가 몸담아 일하고 있던 방송사에서 개최하는 '고향의봄창작동요제'였다. 이 행사를 시작할 때 나는 기획과 연출을 맡은 이래 10여 년간 실무를 맡았다.

이 일을 수행한 것은 나름의 특별한 의지나 사명감 때문은 아니었고 단지 방송사 내에서 브랜드가 될 만한 문화사업 몇 가지를 정책적으로 추진하는 과정에서 당시 필자가 클래식 음악프로그램 PD라는 이유로 자연스럽게 업무가 배정되었기 때문이었다.

| 고향의봄창작동요제 실황 |

1996년 어느 날 근무하고 있던 마산MBC의 박권주 상무가 나와 입사 동기이자 절친한 김창환 PD를 부르더니 이원수를 선양하기 위한 '고향의봄동요제'와 조두남을 선양하기 위한 '가고파가곡제'를 전략적으로 시작하려 하는데 두 사람이 하나씩 나누어 실무를 맡으라고 했다.

나는 제작일과 대중가수 공연 행사를 많이 맡고 있던 터라 크게 마음이 내키지 않았지만 둘 중 아무거나 해도 좋을 듯싶어 김창환 PD에게 먼저 선택하라 했더니 자기가 '가고파가곡제'를 맡겠다고 했다. 그래서 나는 특별한 사명의식도 없어 임원이 지시하는 거라 거부할 수 없는 일로만 여기며 당시 MBC 본사에서 진행하던 'MBC창작동요제'와 'KBS국악동요제'를 모방하여 동요제 행사를 준비했다.

첫출발은 단순히 동요 부르기 대회였다. 적은 예산으로 전국적인 홍보 효과를 위해 당시 최고의 인기 동요와 가곡 작곡가였던 마산 출신 이수인 선생을 심사위원장으로 모셨다. 처음 시도하는 동요제였지만 이수인 선생의 도움으로 동요제는 크게 성황을 이루었다. 이러한 호응을 보고 이수인 선생께서 '이 행사는 곧 창작동요제로 전환해야 성공한다'라고 조언하셨다.

그래서 3년째부터 '고향의봄동요제'는 창작동요제로 전환하였고, 첫해부터 전국 동요계의 관심을 집중시키며 국내 주요 동요제로 위상을 확보하였다. 이후 '고향의봄창작동요제'는 내로라하는 작곡가를 지속적으로 배출하는 등의 성과를 거두며 지금까지 존속되어 오고 있다.

'고향의봄창작동요제'가 빠른 기간 내 그렇게 자리 잡은 직접적인 배경은 국민 동요 <고향의 봄>이 가지고 있는 문화 자산적 가치 때문이었고, 뒤에서 이수인 선생 같은 분의 응원이 뒷받침되면서 이루어 낸 성과였다.
그러나 그러한 과정에서도 이원수 선생과 <고향의 봄>의 가치를 선양하는 일에는 다소 거리를 두고 있었다. 나의 목표가 회사에서 지시한 사업을 차질 없이 추진하는 데 있었기 때문이었다.

이원수 선생, 그리고 <고향의 봄>과의 운명적인 만남

<고향의 봄>과 이원수 선생에 대해 관심이 집중된 계기는 2000년 말 창원문인협회 회장을 맡으면서부터였다. 당시 창원시는 다소 차가운 느낌의 중공업도시 이미지가 도시브랜드였는데 역사가 깊은 마산이나 진해에 비해 신흥도시인 창원시 문화예술의 뿌리는 과연 어디에서 찾을 것인가를 고민했다.
그런 과정에서 자연히 몇 년 전부터 사라진 <고향의 봄>

과 이원수 선생에 대해 관심을 가지게 되었다. 그러나 아무도 나의 이러한 궁금증에 흔쾌히 응답해 주는 이가 없어 혼자 고민을 거듭했다.

'왜 창원은 이곳 출신도 아닌 이원수와 <고향의 봄>을 가지고 오랫동안 예술제를 펼쳐왔으며 또 무슨 연유로 이 문화 자산을 한순간 버렸는가. 그러면서 또 왜 마산MBC에서 개최하는 고향의 봄 동요제에는 예산을 지원하는가?' 하는 궁금증이 일었다.

그러나 창원시나 예술계, 심지어 이원수 선생을 생전에 자주 접했다는 원로 아동문학가조차도 이원수의 성장 과정이나 <고향의 봄>에 대한 시원스러운 설명도 자료도 없었다.

그들 중에는 이원수의 고향은 양산이며 <고향의 봄> 창작 배경지도 양산이라며 양산으로 문학기행을 안내하는 이해하지 못할 행동을 하는 이도 있었다. 그래서 뭔가 정리하지 않으면 안 되겠다는 사명 의식이 생겨났다.

그러던 차에 이원수 기업사업의 촉발은 엉뚱한 데서 시작되었다. 통영국제음악제의 예비 행사였던 '통영현대음악제2000'을 준비하고 성공적으로 행사를 치르는 과정에서 유럽의 선진 축제 현장을 벤치마킹 겸 취재차 다녀올 때였다.

독일, 오스트리아, 스위스 등 5개국 축제 현장을 찾아갔는데 체류 일정 중에 음악을 하는 교민들과의 만남도 이루어졌다. 그 자리에서 교민들은 <고향의 봄>과 <아리랑>을 부르며 향수를 달랜다고 이구동성으로 말했다. 그리고 교민들과 함께 <고향의 봄>을 부르면서 가슴이 뭉클해져왔다. 그런 과정에서 필자는 <고향의 봄>과 이를 만든 이원수 선생의 가치에 대해 새로이 인식하게 되었다. 내 몸은 윤이상 때문에 유럽에 왔지만 마음속에는 이원수와 <고향의 봄>으로 가득 차올랐다.

그래서 귀국하자마자 당시 공민배 창원시장을 찾아가 유럽 현장에서 보고 들은 <고향의 봄>과 이원수의 문화적 가치에 대해 보고하였는데, 공 시장은 '당장 기념사업을 시작합시다'라고 말하며 행정 지원이 필요하면 뭐든 말하라고 했다.

공 시장의 지시에 따라 총무국장을 중심으로 학술 행사의 예산 지원과 문화예술과의 인적 지원이 활발하게 이루어졌다. 그리고 한 달쯤 뒤에 '고향의 봄을 창원에 다시 심는다'라는 주제의 학술 행사를 열고 향후 기념사업에 대한 다양한 과제를 제시했다.

이날 학술 행사를 처음부터 끝까지 지켜본 공 시장은 행사를 마무리할 때쯤 마이크를 잡고 자신이 행사 진행 중 메모한 18가지의 선양사업을 환기하며 예술계 인사와 창원시 공무원 조직, 창원시의회 조직을 망라하는 '고향의봄기념사업추진위원회' 발족을 제시했다.

그 배경에는 창원시가 개청 20년을 넘어서면서 한국 중공업의 요람으로 물질적 풍요는 있었지만, '공업도시'라는 삭막한 이미지를 개선할 수 있는 문화적 콘텐츠가 절실한 상황이었고, 나는 40대의 젊은 나이에 방송일을 하면서도 창원문인협회 회장을 맡아 창원예술의 뿌리 찾기에 열중하고 있을 때라 자연스럽게 의기투합이 된 것이다.

| 2001 이원수문학기행(창원문협) |

한민족의 디아스포라 <고향의 봄>에 대한 가치 인식

고향의 봄 기념사업을 본격화하면서 나는 <고향의 봄>이라는 노래에 대해 좀 더 깊이 탐구해야 할 필요가 있었다. 그래서 선생께서 남기신 기록과 연구 자료를 탐독했는데 파고들수록 그 가치가 대단한 걸 알게 되었다.

양산에서 태어나 열 달 만에 창원으로 이사를 왔고 이곳에서 어린 시절을 보낸 이원수는 마산으로 다시 이사하게 되는데, 공립보통학교를 다니던 열다섯 살 때 돌아가신 아버지에 대한 그리움과 창원에서의 어린 시절에 대한 기억을 더듬어 <고향의 봄>을 썼다고 전한다.

그리고 이 동시는 방정환 선생이 펴내던 어린이 잡지 ≪어린이≫에 1926년 4월호에 입선작으로 발표되고, <산토끼>를 작곡했던 이일래 선생에 의해 작곡되어 마산 일대에서 불리다가 다시 홍난파 선생이 붙인 곡이 지금까지 전해져 오는 노래다.

한국 사람이면 누구나 잘 아는, 외국인들이 '아리랑'과 같은 한국의 민요라고까지 기억할 정도로 한국인의 정서가 곱게 스며있는 대표 동요 <고향의 봄>. 누군가 앞 구절을 시작하면 스스럼없이 이어 부르기도 하고, 콧노래를 흥얼

거리기도 해 우리 민족임을 확인시켜 주는 노래이기도 하다.

 이 노래가 우리 민족의 노래가 된 것은 우리가 아픈 역사를 지나왔기 때문이라 생각한다. 일제강점기에는 고향이 곧 나라였고 고향의 정서는 잃어버린 나라의 정서와 맞닿아 있었다. 그리고 해방 뒤, 6·25전쟁을 겪으면서 고향을 떠나 살 수밖에 없었던 수많은 전쟁 이재민은 그 허전함을 달래기 위해 <고향의 봄>을 불렀고, 그 뒤 1960년대부터 해외로 일을 찾아 나간 동포들은 애국가보다 <고향의 봄>을 먼저 불러 떠나온 고향을 그리워할 수밖에 없었다. 동요 <고향의 봄>이 <아리랑>만큼 애창되는 것은, 이 길지 않은 노래 속에 민족 정서의 원형이 들어있기 때문으로 전문가들은 보고 있다.

 그뿐만 아니라 이 노래가 많은 사람의 기억 속에서 위안을 주고 즐거움을 주는 것은 노랫말 구절구절 표현된 고향의 모습이 우리네 전형적인 고향을 떠올리기 충분하고, 또 어린 시절의 아련한 추억까지도 이끌게 하기 때문이기도 하다. 복숭아꽃, 살구꽃, 아기 진달래. 이런 봄꽃들이 만발한 우리네 뒷산과 나지막이 자리한 집들은 누구에게나 한 번쯤 다시 돌아가고 싶은 어린 시절에 대한 아련한 그리움을 샘솟게 한다.

이러한 문화유산으로서 가치가 탁월한 <고향의 봄>의 배경지가 창원임을 알리고, 아동문학의 거목인 동원 이원수 선생의 문학세계를 조명함으로써 지역 문화예술의 위상을 정립하는 데 절실한 사업이라 생각이 들었다.

그리고 이원수 선생에 관한 연구 및 관련 사업을 적극 추진하여 훌륭한 문학적 자산을 발굴, 육성하는 일은 창원 시민의 애향심을 높이며 정체성 확립하기 위해 우선해야 할 과업이며 창원에 살고 있는 예술인의 한 사람으로서 내게 주어진 절대적인 책무라 느껴졌다.

<고향의 봄> 기념사업이 본격화되기까지

이러한 학습을 거친 뒤 창원에서 고향의 봄 기념사업을 본격적으로 시작하였을 때는 2001년 초부터이다. 이는 21세기가 시작되자마자 '문화의 세기'를 화두로 지자체마다 문화에 지대한 관심을 가지면서 다양한 형태의 콘텐츠 사업들이 펼쳐지기 시작한 것과 흐름을 같이 한다.
이런 시대적 분위기에 편승하여 창원시에서도 예술계, 특히 모든 예술의 바탕을 이루는 문학계를 중심으로 문화 콘텐츠 사업에 관심을 가지기 시작했다.

창원예총 주관 시민의 날 기념 야철축제를 마무리한 직

후인 2001년 5월 2일 창원 성산아트홀 소극장에서 경남 지역과 중앙의 전문가들을 초빙하여 '<고향의 봄>을 창원에 다시 심는다.'라는 주제로 이원수 타계 20주기 문학 세미나를 열었다.

필자가 당시 회장을 맡고 있던 창원문인협회 주최로 열린 이 행사는 공민배 창원시장의 적극적인 지원 아래 고영조 창원예총 회장이 발제, 김녹촌, 임신행 등의 아동문학가들이 주제 발표자로 참여하였다.

| 2001. 이원수 타계 20주기 문학세미나 자료집 |

세미나의 개최 취지와 목적은 첫째 <고향의 봄> 창작 배경지가 창원이며 이원수 선생의 실제적 고향이 창원 소답동이라는 것을 널리 확인시키는 것이었고, 둘째 삭막한 이미지를 가지고 있는 공업도시 창원을 고향의 봄을 활용하여 부드럽고 따뜻한 도시 이미지로 개선하는 한편, 셋째로 정주의식이 부족한 계획도시에 살고 있는 창원 시민들에게 애향심과 함께 정체성을 확립하고 자긍심을 높이는데 두었다.

소박한 규모의 세미나였지만, 당시 시장(공민배)과 시의회 의장, 문화원장을 비롯한 각계의 주요 인사들이 지대한 관심을 가지고 참석하는 등 성황을 이루었다. 그리고 세미나를 끝낸 직후 파장은 즉각 크게 일어났다.
　창원시에서는 창원시장의 지침에 따라 창원시를 <고향의 봄> 노랫말처럼 따뜻하고 서정이 넘치는 도시로 이미지를 바꿀 수 있도록 적극 실행 계획 수립에 돌입했다.

이러한 기조에 힘입어 창원문인협회 김일태 회장의 주도로 2001년 7월 초에 고향의 봄 기념사업 추진 계획을 수립하였으며, 7월 13일 창원시청에서 창원시와 창원시의회 그리고 각 문화계 인사들로 민과 관이 공동으로 참여하는 기념사업 추진조직으로 '고향의봄기념사업추진위원회'가 발족하였다.

추진위원장은 고영조 창원예총 회장, 부위원장은 정한식 창원시의회 운영위원장이 추대되었고, 배한성 창원시 총무국장, 박현효 창원문화원장, 도난실 경남신문 문화부장 등 각계 대표 15명이 추진위원으로, 이광석, 김녹촌 등 4명을 자문위원으로 위촉하여 민관 합동 조직이 만들어졌다. 그리고 실무 총괄은 김일태 창원문협 회장이, 간사는 창원시 문화예술과장이 맡았다.

사업 추진조직 이후 사업은 탄력을 받기 시작했고 첫 행사로 학술 심포지엄을 개최하였으며, 세미나에서 제안되었던 몇 가지 주요 사업, 즉 기념관 건립과 유품 및 자료 확보, 테마도로 조성, 안내 간판 설치 등을 조속히 시행할 기념사업안으로 2001년 9월 21일에 심의 확정하였다. 그리고 이 사업에 대해 창원시의회에서도 적극적으로 호응을 하였다.

| 창원 의창구 의창동 명예도로 '고향의봄길' |

2001년 가을 창원예술제 기간에는 문인협회 주최로 이원수 타계 20주년 기념 공연 '문학과 동심이 있는 가을의 서정'이 열렸고 2002년 1월 초에는 고향의 봄 기념사업 자료집 『창원의 흙으로 빚어낸 민족의 노래 <고향의 봄>』이 발간되어 널리 배포되었다.

  그런가 하면 제21회 창원시민의날을 기념하여 열리던 예술제가 '야철예술제'에서 '고향의봄예술제'로 이름이 다시 환원되었다.

<고향의 봄> 기념사업이 정착하기까지

  창원시장의 의지와 공무원들의 적극적인 지원과 문화예술인들의 성원 속에서 고향의 봄 기념사업은 매우 순조롭게 추진될 것으로 예상했는데, 뜻밖의 난감한 몇 가지 상황들과 부딪혔다.
  기념사업의 첫 번째 난관은 이원수 선생 유가족의 동의를 구하는 일이었고, 두 번째 난관은 양산시와 <고향의 봄> 창작 배경지 논란을 어떻게 해결해 낼 것인가, 세 번째 난관은 2002년 이원수의 친일 작품이 발견되어 동력이 크게 떨어진 기념사업을 어떻게 상황 전환을 할 것인가 하는 문제였다.
  어느 하나 가볍게 극복할 수 있는 문제가 아니어서 고민이 깊었지만 무작정 부닥쳐 보자는 각오로 상항에 임했다.

첫 번째 난관, 이원수 선생 유가족의 동의

고향의 봄 기념사업의 첫 번째 난관은 이원수 선생 유가족의 반대였다.
고향의봄기념사업추진위원회의 목표는 이원수문학관 건립과 고향의봄예술제 부활, 고향의 봄 테마공원 조성 등이었다. 그러나 추진위원회의 의욕과 달리 기념사업의 첫 관문이라고 할 수 있는 이원수 선생 유족의 동의를 구하는 데부터 난관에 부닥쳤다.

고향의봄기념사업추진위원회 실무책임자였던 필자는 기구 조직 직후 이원수 선생의 유족 대표인 차녀 이정옥 여사와 전화로 창원시와 기념사업추진위원회 입장을 전했는데, 한 마디로 '아버지 선양사업을 안 했으면 좋겠다.'였다. 창원 민관의 대표자들로 구성하여 야심차게 추진하려 했던 결의가 무산될 위기에 처한 것이었다.
이원수 기념사업을 처음 제안한 당사자였는가 하면 창원시장의 절대적 지원으로 시작한 사업이다 보니 실무책임자로서 난감할 수밖에 없었다. 그렇다고 유가족의 반대를 핑계 대고 그만둘 수도 없는 처지여서 방송일로 서울 출장 가는 길에 한 번 만나서 제대로 의논해 보자고 하고 약속을 정했다.

 이정옥 여사를 만나기 전 경남 지역에서 알만한 분들과 또 한국 아동문학계의 원로를 중심으로 이원수 선생의 유족에 대한 정보를 파악했다. 그런데 기념사업 추진에 도움될 만한 조언보다 모두 한결같이 '만나봐야 별 소득 없을 것'이라고 했다.
 이원수 선생 타계 후 여러 갈래의 후학들이 이원수문학상 제정이나 여타 선양사업에 대해 동의를 요구했으나 철저히 거절당했다는 것이다. 하물며 어떤 원로 아동문학가는 '올해가 이원수 선생 타계 20주년인데 20년간 노력했지만, 씨알도 안 먹혔는데 당신같이 아동문학가도 아닌 사람이 제안해 봤자 무안만 당할 것'이라고 핀잔을 주기도 했다.

 그러나 일단 거절당할 때 당하더라도 만나서 최선을 다해 설득해 보자고 마음먹고 2001년 7월, 서울의 프레스센터 커피숍에서 이정옥 여사를 만났다.
 이정옥 여사는 아버지 이원수 선생을 많이 닮아 금방 알아볼 수 있었다. 그 자리에서 그동안의 진행 상황과 창원시의 향후 계획을 얘기하면서 도와달라고 부탁했다. 나의 간곡함이 마음으로 전해졌는지 한동안 고민하더니 이 여사는 미심쩍어하면서도 승낙해 주었다.

그러면서 왜 지금까지 이원수 문학상이나 여러 선양사업이 이루어지지 못했는지에 대해 해명했다.

첫 번째는 '아버지가 살아가셨으면 누구로부터 떠받들어지는 것을 원치 않았을 거다.'였고 두 번째는 '기념사업을 제안하는 분들이 대부분 아버지를 등에 업고 그 명성에 기대어 자신이 이득을 보려고 하는 분들이어서 진정성이 의심스러웠다.'라고 말했다.

그래서 '나는 아동문학인이 아니라서 선생님을 이용해 문단 권력을 취할 일도 없고 오로지 공업도시 창원의 이미지를 이원수 선생과 <고향의 봄>을 통해 문화적으로 따뜻한 도시 만드는 일에 집중하려 한다'고 말씀드렸다.

두어 시간가량 이야기를 나누는 동안 여러 사업의 과제에 대한 의논도 이루어졌는데 고향의봄기념사업추진위원회에서 사업 추진에 대한 로드맵이 확정되지 않아서 구체적인 논의는 추후로 미루고 유가족 측에서 적극적으로 돕겠다는 확약만 받고 창원으로 돌아왔다.

그런 뒤 그러한 사실을 창원시장과 추진위원회에 보고하고 지역의 아동문학계에도 알렸는데 모두 놀랍다는 반응이었다.

유가족의 동의를 얻고 난 뒤부터 기념사업은 탄력이 붙

었다. 그리고 실무 진행 과정을 보고하는 자리에서 창원시장은 별도의 사업으로 <고향의 봄> 테마공원 조성을 기획하고 그 적절한 대상부지를 물색하라고 지시를 내렸다.

그래서 며칠간 창원시 공무원과 의창동의 사정에 밝은 분의 안내로 이원수 선생의 성장지이자 <고향의 봄> 창작 배경지인 소답동 북동 일대와 천주산 자락 등을 샅샅이 탐방하는 동시에 대략의 사업 내용을 요약하여 시장께 보고하였다.

그런데 창원시장이 자료를 슬쩍 들어보더니 밀쳐버리며 '이렇게 작게 말고 창원시의 상징적인 브랜드가 될 수 있도록 큰 그림을 그리라'고 나와 공무원을 다그쳤다. 시장이 그런 반응을 보인 이유는, 나의 좁은 소견으로 10억여 원 내외로 소박한 시설을 생각하고 설계했는데 창원시장은 수백억 원 규모를 생각한 것이었다.

나는 그동안 나의 아이디어로 상상할 수 없는 규모인지라 시청 공무원과 상의하여 삼성에버랜드 측에 접근해서 이 과제를 해결하려 들었다. 에버랜드 측에서는 구체적 사업 제안이 아니다 보니 자문을 꺼렸고 사업이 가시화되면 본격적으로 협력하자는 약속만 하고 헤어졌다. 그런데 이 '고향의 본 테마공원 조성 사업'은 공 시장이 다른 정치적인 일로 시장직을 중도 사퇴하면서 흐지부지되었다.

두 번째 난관, 양산시와 <고향의 봄> 창작 배경지 논란

기념사업 목표를 설정하고 추진 일정을 확정한 뒤 본격적으로 실무 작업에 몰입해 가는 도중 또 큰 변수가 생겼다. 창원시와 비슷한 시기에 양산시에서 이원수 선양사업을 대대적으로 추진한다는 소식을 접한 것이다.

양산시는 이원수 선생이 출생한 곳으로 이미 경상남도 내 공식 게시판에 등재되어 있어서 별도 시비를 걸 수도 없는 노릇이었다.
그런데 양산시가 이원수 출생지라는 주장에서 벗어나 선생의 작품이자 최고의 문화 자산인 <고향의 봄> 창작 배경지가 양산이라고 대대적으로 홍보하며 주요 사업도 이원수 문학관과 함께 '고향의 봄 테마공원 조성'이어서 이를 간과할 경우, 창원에서의 기념사업은 그 당위성을 잃을 수밖에 없었다. 그래서 이원수 선생의 자전 회고록과 자료를 통해 반론을 제기할 근거를 추적하면서 1년간 양산시와 지루한 싸움을 했다.

사실 그 당시 심정으로는, 이원수 작가가 워낙 한국을 대표하는 큰 작가여서 어느 곳에서 기념 선양사업을 하건 상관없다고 생각했지만, 창원을 배경으로 탄생한 <고향의 봄>만은 빼앗길 수 없다는 마음이 절절했다.

그래서 기념 사업조직의 명칭도 '이원수기념사업회'가 아닌 '고향의봄기념사업추진위원회'로 정한 것이었다. <고향의 봄>을 빼고 이원수를 선양하는 일은 팥소 없는 찐빵 같아서 양산시에서도 온갖 가설로 <고향의 봄> 창작 배경지를 수호하기 위해 맞섰다.

 이원수 기념 사업비도 수백억을 책정해 놓은 데다 모 대학 박물관장을 추진위원장으로 하는 실무조직을 구성한 터라 양산시로서도 갑자기 등장한 창원시의 문화사업이 난관 중의 난관이었다.

 이러한 상황이다 보니 이원수 선생의 유가족 처지에서도 난처할 수밖에 없었을 것이다.

 오랫동안 이원수 선생에 대해 관심을 가져왔을 뿐만 아니라 구체적이고 실천이 가능한 사업을 들고나온 양산시와 갑자기 치고 나온 창원시 사이에서 진실의 여부와 관계없이 견해를 밝히기가 힘들었는지 소극적인 자세를 취했다.

 그렇게 진실 공방이 치열한 가운데 이원수 선생 자료를 살펴보다가 문득 일제강점기인 1911년부터 호적부가 만들어졌다는 사실을 알게 되었다. 그래서 호적부를 발견하면 이원수 선생 삶의 여정을 증명할 수 있겠다는 생각이 들었다.

 나는 그 아이디어를 당시 창원시 문화예술과장과 공유하

며 호적부를 찾을 방법을 파악해달라고 했다.

그러나 당시 호적부는 전산에 등재되어 있지 않고 시청 지하실 창고에 보관되어 있다고 하면서 직원들을 동원해서 이원수 선생의 호적부를 찾아보겠다고 했다.

그리고는 열흘 남짓 동안 지하 자료실의 먼지를 덮어쓰며 수고한 공무원들이 이원수 선생의 호적부를 발견해 냈다.

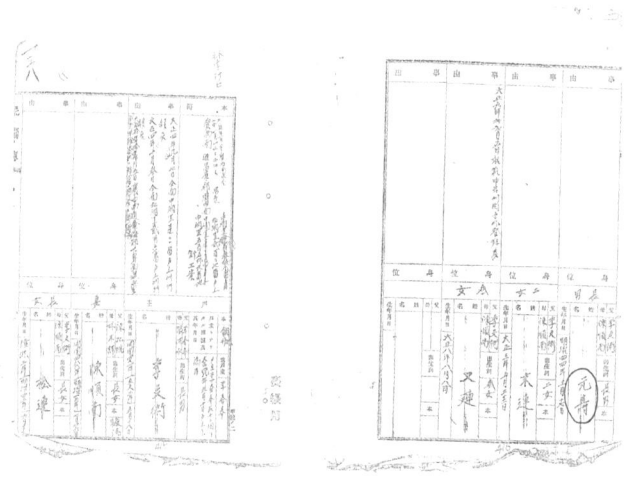

| 이원수의 호적부 |

호적부에서 이원수는 1911년 양산 북정리에서 태어나 생후 10개월 되던 때 창원 소답리로 이사했다는 기록이 또렷하게 명기되어 있었다.

그래서 그 호적부 사본과 이원수 선생의 자전 회고록 '흘러가는 세월 속에' 중에 실린 '고향의 봄 창작 배경지' 관련 글의 복사본 등을 묶어 양산시로 보냈다. 그렇게 한 뒤 개인적으로 양산의 기념사업 추진위원장께 전화했다.

그때 위원장이 '이 사업은 양산시가 아니라 창원시에서 하는 게 맞는 것 같다'라고 말해서 '열심히 준비해 오신 걸로 알고 있는데 미안하다'라고 화답했다.

이렇게 해서 대략 1년 넘게 이어져 오던 양산시와의 갈등은 마무리되었다.

세 번째 난관, 이원수의 친일 작품 발견과 대응

고향의 봄 기념 사업이 민과 관이 합심해서 본격적으로 추진하던 차에 2002년 중차대한 사안이 발생했다. 이원수 선생께서 일제 말기 함안금융조합 재직 시 기관지에 발표한 친일 시가 발견된 것이다.

창원 시민들의 공모와 여론조사로 명칭이 선정된 고향의봄도서관과 도서관 지하에 유치하기로 한 이원수문학관의 개관 준비가 한창이던 시기여서 충격은 컸다.

이러한 분위기 속에서도 기념사업추진위원회는 9월부터 11월 말에 걸쳐 선생의 유품과 각종 자료 등 총 2천 7백여 점을 확보하였다. 그리고 2002년 11월 2일 고향의봄도서관을 개관하였다.

| 이원수문학관이 있는 고향의봄도서관 |

| 고향의봄도서관 개관, 2002.11.2. |

그리고 개관기념 행사로 '이원수 선생의 친일 행위를 어떻게 볼 것인가'를 주제로 두고 2002년 11월 초에 문학 세미나를 열었다. 이 행사에는 당초 이오덕, 조월례, 이재복 등의 전문가들이 참여하기로 하였다. 그런데 행사를 며칠 앞두고 오랜 노환으로 건강이 좋지 못했던 이오덕 선생께서 건강이 더 나빠져서 참석 못 하는 대신 육성자료를 보내주셨다. 그래서 행사 현장에서는 몇 주 전에 보내온 원고와 육성자료로 대체했다.
 이오덕 선생은 그 학술 행사의 한 달가량 뒤 별세하셔서 그때 모시지 못했던 게 큰 아쉬움으로 지금까지 마음에 남아 있다.

| 고향의봄도서관 개관기념 세미나, 2002.11.8. |

이 학술 행사에서 제시된 내용을 요약하면, 비록 친일 작품 몇 편을 쓰긴 했지만, 선생이 남긴 방대하고도 우수한 문학적 업적과 해방 이후 평생을 불의와 타협하지 않고 올곧게 살았던 점을 높이 평가받아 마땅하다는 결론을 얻었다.

그리고 이 시기 경남문학관에서 가진 작고 문인 심포지엄에서도 이원수 선생은 다른 친일 인사와 달리 평가받아야 한다는 결론이 도출되었다.

이렇게 여러 우여곡절의 시간을 겪었다. 이원수 선생의 성장지와 <고향의 봄> 창작 배경지를 두고 양산시와 1여년 간 벌인 긴 논란도 이원수 선생의 자전기록과 작품, 호적부 등의 증빙자료를 통해 일단락되었고, 2003년 11월에는 이원수 선생의 성장지인 창원 소답동 향교 주변 주택가 일대의 도로를 '이원수길'로 지정하였으며, 2003년 12월 30일 고향의봄도서관 지하에 이원수문학관을 개관하였다. 이 '이원수길'은 몇 년 후 '고향의봄길'로 바뀌어 지금까지 이어오고 있다.

2003년 12월 이원수문학관이 개관된 이후 1차 사업 목표 달성을 계기로 민관 합동 기념사업 추진조직은 민간 중심 고향의봄기념사업회(회장 김일태)로 재편되었고, 이후 이원수문학관 지원과 독자적인 다양한 사업을 펼쳐나가다가 2008년 사단법인으로 전환하였다.

| 이원수문학관 개관, 2003.12. |

| 이원수문학관 개관, 2003.12. |

이런 과정을 거쳐 사단법인 고향의봄기념사업회는 전문기관 단체의 위탁운영 추세에 따라 개관 이후 창원시에서 직영해 오던 이원수문학관의 운영과 함께 지금까지 이원수와 <고향의 봄>의 가치를 기리는 여러 사업을 추진해 오고 있다.

고향의봄기념사업회의 설립 배경과 의의

추진위원회가 해산한 이후 고향의봄기념사업회를 설립 운영하게 된 배경은 앞서 설명한 대로 이원수문학관의 운영지원과 함께 이원수와 <고향의 봄>의 가치를 기리는 사업 때문이었지만 당시 시대적 환경에 힘입은 바가 컸다.

이때 고향의봄기념사업회를 설립 운영하게 된 배경을 다음과 같이 규정했다.

21세기는 국가 경쟁력이 그 나라의 문화에서 나온다고 해서 문화의 시대라고 부르며 선진국들은 다양한 문화 자산을 이용해 엄청난 경제적 이익과 함께 문화 대국이라는 평을 받고 있다.

이 때문에 세계는 자신들만의 문화 자산을 찾고 개발해 냄으로써 다양한 경쟁력을 키워나가고 있고 국내에서도 지자체마다 지역을 알리기 위해서 다양한 문화 자산을 지역 브랜드로 만들어 나가고 있다.

우리가 살고 있는 창원은 선사시대부터 사람들이 살아오던 삶의 터전으로서 유구한 역사와 유물, 그리고 아름다운 풍광을 자랑하며, 더불어 우리 민족이 즐겨 부르는 <고향의 봄>의 창작 배경이 된 곳이기도 하다.

 아동문학의 거목인 동원 이원수 선생이 어린 시절을 보냈고, 그가 남긴 수많은 작품의 산실 역할을 했던 곳이 창원이다. 더구나 <고향의 봄>에서 '꽃대궐'로 표현된 상징적 공간은 한국 추상 조각의 선구자이며 교육자로서 한국예술에 이정표를 세운 우성 김종영 선생의 생가이기도 하다. 이는 다른 지역에서 찾아보기 드문 큰 가치의 문화적 자산이다.

 따라서 <고향의 봄>의 배경이 창원임을 지역민에게 알려 시민 공동의 가치를 되살리고 지역발전을 도모하는 한편, 21세기 창원발전의 정서적 상징화하기 위한 각종 사업을 펼치기 위해 '고향의봄기념사업회'를 설립한다.

북한 묘향산에서 다시 깨달은 <고향의 봄>의 가치

 윤이상 선생 타계 10주년이던 2005년 10월 평양에서 열린 윤이상 타계 10주년 추모음악회의 남측 방문단 일행으로 참여했을 때, 북측의 안내로 동백림사건의 실마리가 됐던 강서고분과 한민족의 성산인 묘향산을 다녀온 적이 있다.

이때 윤이상 선생의 위패가 모셔져 있는 보현사를 참배한 뒤 단풍이 절정인 묘향산 계곡에서 거나한 상차림의 야외 잔치마당이 펼쳐졌다. 술과 음식 노래가 곁들여진 질펀한 분위기가 만들어지고 북측의 여성 도우미들의 '반갑습니다' 같은 갖가지 노래를 불렀지만 모두 따라 부를 수 없는 노래들이었다.

그러다가 마무리될 때쯤 공연단이 <고향의 봄>을 부르자 공연단의 노래에 소극적인 박수로 호응하던 남측 일행과 북측 일행이 누가 유도하지도 않았는데 동시에 갑자기 일어나 얼싸안고 눈물을 흘리며 합창했다.

묘향산 관광을 마치고 돌아오는 길의 버스 안에서 내게 인사말을 할 기회가 주어졌을 때 '나는 좀 전 우리가 함께 불렀던 그 <고향의 봄> 창작 배경지인 남측의 창원에 살고 있다. 남북의 문화교류가 활발해지면 여러분들을 창원으로 초대해서 함께 <고향의 봄>을 부르고 싶다'라고 말했는데 모두 환호하며 손뼉을 쳤다.

그날 나는 평양으로 되돌아오는 내내 <고향의 봄>으로 생각이 많아졌다. 왜 <고향의 봄>을 두고 통일의 노래라고 부르는지도 확실하게 체험한 것이다.

그때 몇 년 동안 기념사업을 해오면서 개인적으로 시달리기도 하고 또 나 할 일 다했다는 만족감에서 다소 느슨

했던 <고향의 봄> 기념사업에 대한 열정이 되살아나는 느낌을 받았다.

그러면서 한편으로는 2000년에 통영국제음악제와 윤이상 선생 일로 유럽에 갔을 때의 체험이 <고향의 봄> 기념사업을 하는 계기가 되었는데, 이번에 또 윤이상 선생 일로 북한에 와서 기념사업에 심기일전하게 되었다는 것에 참 묘하다는 생각이 들기도 했다.

영광스러운 족쇄 이원수문학관 관장

| 이원수문학관 내부 |

이원수문학관은 한국 아동문학의 거목 이원수의 삶과 작품세계를 한눈에 이해하면서, 우리 겨레가 가장 널리 부르는 노래 <고향의 봄>의 창작 배경지가 창원임을 널리 알릴 수 있도록 하고자 지난 2003년 12월 개관한 창원시립 문학관이다.

이원수 선생의 작품과 유품을 상설 전시하는 문학 기념관으로, 창원시 의창구 서상동 고향의봄도서관 지하 1층에 자리하고 있다. 동시, 동화뿐만 아니라 소년소설, 평론에 이르기까지 방대한 작품을 남긴 이원수의 문학적 업적을 기리는 한편, 민족의 노래이자 창원의 노래인 <고향의 봄>의 배경지가 창원임을 알리기 위한 공간이기도 하다.

 평생을 아동문학 활동과 아동문학이 발전하는데 나침반 역할을 했던 이원수 선생. 이원수문학관에는 선생의 손때가 묻은 만년필과 파이프 담배, 돋보기와 시계, 선생의 상징물처럼 여겨지는 뿔테 안경, 그리고 도장과 주민등록증, 수첩, 동료 작가들과 주고받은 편지와 친필원고 등이 전시되어 있는데, 특히 돌아가시기 전까지 쓰셨던 수첩에는 선생의 일상이 깨알 같은 글씨로 적혀있어 선생의 성품을 엿볼 수 있다.

 그리고 창원 의창구에서 어린 시절을 보내고, 마산합포구에서 학창 시절을 보낸 뒤 함안 금융조합에서 일했던 선생의 발자취를 문학작품 지도를 통해 확인할 수 있으며 <고향의 봄> 창작 배경지 창원에 관해서도 소개하고 있다.

 그 외에도 시대별 분류한 동원의 작품세계와 동료 문학인들과 주고받았던 편지 내용, 아동문학 태동기의 잡지를 하나하나 살펴보다 보면 우리 역사에서 가장 가슴 아팠던 시대를 살았던 삶의 실상을 치열하게 작품으로 담아내려고 했던 이원수의 문학정신과 삶의 모두를 만날 수 있다.

특히 아내 최순애를 위해 마련된 전시 공간에는 1925년 ≪어린이≫에 <오빠 생각>을 발표했던 아동문학인이자 이원수의 아내로 평생을 살아온 최순애를 만날 수 있다. 친필원고, 성경, 부채 등의 유품은 모습만큼이나 단아했던 최순애를 느끼게 한다.

이를 비롯해 한국 아동문학의 연구 자료로 가치가 있는 오래된 아동 잡지, 아동도서를 만날 수 있고, 연구 및 학습의 장으로 활용되는 참여 공간도 있다.

이원수문학관 맞은편에는 선생의 호를 따 이름 지어진 동원홀이 있어 각종 공연과 영화 상영이 이뤄지고 있다.

사단법인 고향의봄기념사업회는 이원수문학관을 개관할 때부터 운영에 직접적 또는 간접적으로 관여해 오다 2008년 12월부터 본격적으로 위탁운영을 해오고 있으며 필자는 무보수 비상근 명예직 관장을 맡아 지금까지 18년째 일하고 있다.

이원수 탄생100주년, 험난했던 2011년 한 해의 기억

2011년은 정말 파란만장한 한해였다. 한국 아동문학의 거목인 동원 이원수 선생의 탄생 100주년의 해이자 타계

30주년, 기념사업 10주년이 되는 뜻깊은 해였다.

그런가 하면 창원 마산 진해 3개 도시가 통합 창원시로 인구 110만의 메가시티로 출범한 이듬해이기도 했고, 내 개인적으로도 직장이던 마산MBC에서 정년퇴직을 몇 년 남겨놓지 않고 있는 해여서 여러모로 맡은 바 일에 열정을 다해야 하는 여건이었다.

그리고 연임한 창원예총 회장으로서도 임기 만료를 1년 앞둔 해여서 나는 이원수 탄생 100주년 기념사업을 잘 해내고 싶었다.

2011년 당시는 행정적 지원이나 지역 문화예술계의 여건도 아주 좋았다. 문화사업에 관해 나의 아이디어를 신뢰해 주던 박완수 시장이 통합창원 시장으로 취임해 있었고, 행정 공무원들도 통합 창원시 출범 이후 개최하는 문화사업으로의 의미가 커서 업무에 매우 능동적인 분위기였다.

나는 그 당시 이런 분위기를 최대한 활용하여 이원수 선생의 문학적 업적과 겨레의 노래 <고향의 봄>을 널리 알려 통합창원의 대표적인 문화 자산화하는 소통의 장을 마련해야 한다고 판단했다.

그래서 오랜 문화예술계 언론계에 종사하면서 쌓은 인맥을 최대한 동원하여 기념사업추진위원회를 구성했는가 하면 지역에서 명망 높은, 통일부 장관을 지낸 박재규 경남대학교 총장을 대회장으로 박완수 시장을 명예대회장으로 추대하고 필자가 기념사업추진위원장을 맡았다. 그리고 운영위원은 도내 주요 문화예술 기관단체 인사를 중심으로, 추진위원은 전국의 아동문학가, 지역의 문학인 중심 인사를 위촉하고 집행위원회는 사)고향의봄기념사업회 이사진 및 실무 전문가 중심으로 구성했다.

이원수 탄생 100주년 기념사업 내용도 이상적이라 할 만큼 품격 있고 다양한 사업들로 구성했다. 그리고 대산문화재단과 한국아동문학인협회를 비롯한 전국의 아동문학단체 및 관련 단체들과 연계해 창원은 물론 서울과 전국에 걸쳐 이원수 탄생 100주년을 기리기 위한 체계를 구축하고 사업을 효율적으로 추진할 계획을 수립했다.

주요 사업으로는, 이원수 탄생 100주년 기념사업 선포식 및 흉상 제막식, 이원수 탄생 100주년 기념 학술 세미나 '동원 이원수의 삶과 문학' 개최, 전국 어린이 고향의 봄 잔치, 시그림전과 시낭송 콘서트 '꽃대궐 차린 동네' 개최, 이원수·윤석중 탄생 100주년 기념 문학 그림전 '고향의 봄을 그리는 소년', 시그림전 및 원화 전시 '그림으로 만나는 시와 동화', 이원수 첫 동요 동시집 『종달새』 복간과 기념 문학 그림전, 그리고 전시회 개막 공연행사 '종달새, 다시 날다' 등이었다.

프로그램의 기획과 함께 이후 실무를 추진하는 과정에서는 인기 시인인 정일근 경남대 교수가 장진화 사무국장과 호흡을 맞추어 중요한 역할을 해주었다.

 정 교수는 이원수 선생의 모교인 마산상고(현 마산용마고) 후배로서 남다른 열정을 쏟아주었고 100주년 기념사업이 마무리되고 난 이후에도 이원수 선생의 가치 선양사업에는 지금까지도 열성을 다하는 든든한 동지이다.

 이렇게 종합적인 준비를 한 뒤 2011년 3월, 선포식과 함께 이원수 선생 흉상 제막식으로 이원수 탄생 100주년 기념 사업은 화려하게 시작되었다.

 당일 축하공연과 함께 진행된 선포식에는 박재규 대회장과 박완수 시장을 비롯해 지역의 내로라하는 문화예술계 인사들이 참석하여 성황리에 진행되었고 뒤이어 이원수문학관의 중요한 기념 사업의 하나로 추진된 선생의 흉상 제막식으로 이어졌다. 모든 행사 절차가 순조롭게 마무리되었고 실무를 맡은 스태프들도 자축의 분위기였다.

 그런데 며칠 뒤 문제가 발생했다. 발단은 박완수 시장의 축사였다. 축사 내용 중 이원수 브랜드를 통합 창원시의 중요한 문화 사업화하겠다는 축사의 발언을 문제 삼아 통합 이전 마산 쪽 시민단체들의 반발이 일었다.

| 이원수 탄생 100주년 기념 흉상제막식, 2011. |

| 이원수 탄생 100주년 기념 세미나, 2011. |

처음에는 다소 소극적인 분위기였으나 당시 필자가 몸담고 있던 마산MBC 방송프로그램이 기폭제 역할을 했다. 다소 진보적 성향의 인사가 진행하는 프로그램이었는데 TV와 라디오 프로그램을 통해 반대 여론을 이끌던 시민운동가를 출연시켜 10여 년 전 힘들게 정리되었던 이원수의 친일 작품을 소환하며 100주년 기념사업에 대한 비판적 의견을 일방적으로 방송하면서 여론은 확산하였다.
 사실에 근거한 방송에다 필자 또한 방송인으로서 가져야 할 윤리 때문에 당시 적극적인 만류를 하지는 않았다.

 그런데 당시 마산MBC 사장은 경영자로서 판단이 달랐는지 필자와 그 프로그램 제작 책임자를 따로 불러 방송한 경위를 따져 물었다.
 직접 듣지는 못했지만, 방송사 차원에서 고향의봄창작동요제와 두 번에 걸쳐 이원수 특집방송을 해오는 등의 선양 사업을 해오면서 다른 여타 언론사에 앞서 반대 여론을 부각하는 방송을 한다는 데 대한 경영자로서 판단이 필요했던 게 아닌가 여겨졌다.
 이 TV 방송프로그램은 한 달쯤 뒤에 이루어진 개편 때 폐지되었다.

 그런 마산MBC의 방송에 이어 지역의 방송과 신문에서 연이어 시민단체들의 성명서 같은 반대 여론이 여과 없이 일방적으로 보도되었다.

특히 해마다 봄이면 <고향의 봄>을 주제로 전국 방송까지 하던 모 방송사에서는 이례적으로 이원수의 친일 작품을 앞세워 몇 차례 시리즈로 기획보도까지 했다. 그런가 하면 일부 시민단체에서는 확성장치가 달린 승합차를 창원시청 입구에 세워 놓고 날마다 박완수 시장을 규탄하는 시위까지 펼쳐졌다.

이러한 소요가 두어 달 이상 이어지는 가운데 애초 기념사업으로 계획되었던 사업들은 대체로 마무리되었고 일부 행사만 남아 있었다.

그래서 급기야 박완수 시장과 창원시에 더 이상 부담의 빌미를 주는 것이 적절치 않다고 판단되어 추진위원회 실무진과 창원시 담당 공무원 간의 논의 끝에 남은 사업에 투입될 창원시 예산을 반납하고 민간 자체 예산으로만 남은 사업을 추진하기로 했다.

그러한 과정을 거친 뒤 소요는 일단 잦아들었지만, 시민단체들의 경계는 여전했다. 하지만 기념사업회에 직접적인 공격이나 훼방은 없어 민간 차원에서 준비한 사업은 그대로 추진했다. 그 중 대표적인 행사가 대산문화재단이 자체 예산으로 추진한 이원수 윤석중 탄생 100주년 기념사업이었다.

이 사업은 대산문화재단과 한국작가회의 이원수탄생100주년기념사업추진위원회, 색동회가 공동으로 추진하였는데 서울에서 시작하여 전국 순회를 거쳐 마지막으로 창원에서 마무리하는 일정으로 진행된 전시 사업이었다.

| 이원수 윤석중 문학그림전, 2011. |

| 이원수 첫 동시집 『종달새』 복간 기념 행사, 2011. |

이 소식을 접한 창원의 시민단체 대표들이 대산문화재단으로 찾아가 사업 중단을 요청했는데 대산문화재단 측에서 한마디로 거절했다는 소식을 당시 간접적으로 전해 들었다.

이원수 선생 탄생 100주년 기념사업은 11월 창원 성산아트홀에서 대산문화재단과 한국작가회의와 함께 주관한 이원수 윤석중 탄생 100주년 기념사업으로 마무리되었다.

그런데 좋은 반응 속에서 이 행사가 진행되었지만, 특별한 이슈 없이 한해 진행해 온 일정을 마무리하기에는 아쉬움이 있었고 내내 친일 행적으로 시끄러웠던 만큼 이 부문도 정리했하고 가는 게 향후 선양사업을 하는데 유리하겠다는 판단이 들었다. 그래서 이원수 선생 유가족들께 마무리 자리에서 선생을 대신해 사과하는 게 어떻겠다고 제안했다.

이원수 선생 차녀 이정옥 여자는 고민 끝에 이 제안을 수용하여 언론사 기자들 앞에서 아버지의 잘못에 대해 눈시울을 붉히며 사과했다.

이 자리에 배석한 나를 비롯한 회원들도 더불어 눈시울에 눈물이 맺혔고 이러한 소식을 전해 들은 시민단체 대표 몇 분도 마음이 아프다는 말과 함께 늦었지만 다행이라는 코멘트가 언론 기사 끄트머리에 실리기도 했다.

| 아버지의 친일 행적을 대신 사과하는 이정옥 여사, 2011. |

 이원수 탄생 100주년 기념사업을 1년간 진행해 온 일련의 과정에서 참으로 안타까웠던 부분은 반대 여론을 주도한 시민단체의 몇몇 분들이 친일 작품이 발견되기 직전까지 누구보다도 앞장서서 이원수 선생을 기리는 기념사업에 적극적이었던 점이었다.

 이원수 선생은 진보적 성향의 문학인이나 보수적 성향의 문학인 할 것 없이 모두에게 존경받는 아동문학인으로 알려져 있는데, 사실은 진보적 이념을 작품 활동을 통해 이상적으로 실천한 작가로 더 많이 알려져 있었고, 그래서 사후 진보적 성향의 단체에서 선양사업이 활발하게 이루어져 오고 있었다.
 실제로 구 창원을 중심으로 고향의 봄 기념사업이 시작

되기 이전에 구 마산을 중심으로 진보적 성향의 인사들이 주축이 되어 이원수기념사업회가 조직 운영었으며 몇몇 사업들도 진행하고 있었다.

2001년부터 시작된 구 창원 중심의 <고향의 봄> 기념사업이 본격화되고 있을 때 이원수기념사업회를 주도하던 몇 분이 내가 재직하고 있던 방송사 사무실로 찾아와 두 단체를 합치자는 제안을 해온 적이 있다.

그때 그 자리에서 나는 '고향의봄기념사업회는 이원수 선생의 많은 작품 중 하나인 <고향의 봄>이라는 우수한 콘텐츠를 잘 활용하여 도시 이미지를 바꾸는 데 주력하고 있어서 이원수 선생의 문학적 업적 전체를 선양하는 일과 차이가 있다'라는 말로 거절했다.

그때 사무실로 찾아왔던 두어 분이 100주년 기념 사업의 반대에 앞장서고 있는 모습을 보면서 퍽 안타까운 생각이 들기도 했다.

2. 내가 아는 이원수

고향의 봄 기념 사업을 본격적으로 추진하면서 초기 막연한 기대감으로부터 시작했던 것들이, 시간이 가고 연구하면 할수록 더 큰 가치들이 발견되어 그동안 피상적으로 알고 있던 <고향의 봄>의 가치와 이원수 선생의 문학적 업적에 대한 인식도 많이 바뀌었다. 또한 가치 인식이 깊어진 만큼 선양사업에 대한 열정도 커지고 새로운 도전을 위한 힘이 되었다.

많이 알려진 사실과 사단법인 고향의봄기념사업회 이사이며 아동문학평론가인 박종순 문학박사의 연구 자료와 여러 자료를 통해 학습하고 많은 강연을 했던 자료를 바탕으로 대략 요약 정리해 본다.

이원수는 어떤 사람이었나?

선생은 1911년 음력 11월 17일 경남 양산읍 북정리에서 가난한 목수였던 아버지 이문술과 어머니 진순남 사이에서 외아들로 태어나 혹독한 일제강점기와 6·25전쟁, 남북분단, 독재정권 산업화 시대 같은 혼란의 시대를 살다 간 아동문학가이다.

한국 근대사의 가장 힘든 시기를 살아오면서 아이들이 처한 힘든 현실을 문학 속으로 끌어들여 1981년 타계하기까지 동시와 동화, 소년소설, 아동극, 옛이야기, 비평에 이르기까지 다양한 분야에서 1천 편이 넘는 작품뿐만 아니라 아동문학의 기초 이론을 남겨 한국 아동문학 역사의 큰 흐름을 이룬 한국 아동문학의 거목이다.

 선생은 돌이 채 되기 전인 1912년 9월 창원군 창원면 중동리 100번지로 이사해 와서 어려운 가정형편으로 인해 의창동 안에서도 이사를 많이 다녔다.
 1921년 김해 진영으로 이사하기 전까지 살았던 창원 의창동 일대. 이곳에서 살았던 추억이 <고향의 봄>으로 되살아나게 된다.
 이원수는 마산공립보통학교(지금의 성호초등학교)를 다니던 1926년, 『어린이』 4월호에 창원에서의 어린 시절 추억을 담아 <고향의 봄>을 발표한다. 그리고 그 이후 <고향의 봄>은 나라와 고향을 잃은 우리 민족에게 널리 불리면서 같은 해 영화 음악으로 제작된 <아리랑>과 더불어 국민 동요로 지금까지도 많은 사랑을 받고 있다.

 선생은 1980년 ≪소년≫에 발표된 <흘러가는 세월 속에>에 <고향의 봄> 창작 배경에 대해 이렇게 밝혔다.

| 1927년 『어린이』에 실린 이원수 |

내가 자란 고향은 경남 창원읍이다. 나는 그 조그만 읍에서 아홉 살까지 살았다. 그러나 내가 난 곳은 양산이라고 했다. 양산서 나긴 했지만 1년도 못 되어 곧 창원으로 이사해 왔기 때문에 나는 내가 난 땅에 대해서는 아는 것이 없다.

창원읍에서 자라며 나는 동문 밖에서 좀 떨어져 있는 소답리라는 마을의 서당엘 다녔다. 소답리는 작은 마을이었지만 읍내에서도 볼 수 없는 오래되고 큰 기와집의 부잣집들이 있었다. 큰 고목의 정자

나무와, 봄이면 뒷산의 진달래와 철쭉꽃이 어우러져 피고, 마을 집 돌담 너머로 보이는 복숭아꽃 살구꽃도 아름다웠다.

　나는 이 마을 서당엘 다니며 <동몽선습>, <통감>, <연주시> 등 한문책을 배웠다. <천자문>은 집에서 아버지가 미리 가르쳐 주셨기 때문에 이미 알고 있었다.

　집에서 가까운 동문은 석벽이 남아 있었고 성문은 없었지만, 성문을 드나드는 기분으로 다녔다. 동문 밖에 있는 미나리 논, 개울을 따라 내려가면 피라미가 노는 곳이 있어 나는 그 피라미로 미끼를 삼아 물가에 날아오는 파랑새를 잡으려고 애쓰던 일이 생각난다.

　봄이 되면 남쪽 들판에 물결치는 푸르고 윤기 나는 보리밭, 봄바람에 흐느적이며 춤추는 길가의 수양버들. 나는 그런 그림 같은 경치 속에서도 그것들이 아름답다는 생각은 해보지 못하고 이웃에 사는 동무 아이와 같이 즐겁게 놀며 자랐던 것이다.

　그러던 내가 열 살 되던 해 가을, 아버지의 벌이가 잘 안되어 생활이 너무 궁했으므로 한 40리 거리가 되는 진영이란 곳으로 이사를 가게 되었다. (중략)

　마산에 비해서는 작고 초라한 창원의 성문 밖 개울이며 서당 마을의 꽃들이며 냇가의 수양버들, 남쪽 들판의 푸른 보리……, 그런 것들이 그립고 거기서 놀던 때가 한없이 즐거웠던 것 같았다.

　그래서 쓴 동요가 <고향의 봄>이었다. 나는 그 동요를 그때 애독하던 방정환 선생의 잡지《어린이》에 투고해서 1926년 4월호에 발표되어 은메달을 상으로 받았다.

　　　　　- 이원수, <흘러가는 세월 속에>(1980년) 중에서

　선생의 나이 15살이던 1926년에 발표한 동요 <고향의

봄>은 다음 해에 마산 창신학교의 음악 교사였던 이일래에 의해 작곡되어 마산 지역에서 노래로 불리다가 홍난파가 다시 곡을 붙여 1929년에 발표하면서 널리 불리게 되었다. 그 동요에 나오는 '나의 살던 고향'과 '그 속에서 놀던 때'가 바로 일제강점기의 창원면 소답리, 지금의 의창동 일대이다.

이원수를 얘기할 때 의창동 일대에서의 성장기 삶을 이해하지 않고는 평생의 삶과 예술세계에 있어서 그 무엇도 얘기할 수 없다. 여러 작품의 소재가 된 것도 중요하지만 어릴 적 삶의 체험이 평생을 지배하기 때문이다.

회고에서 밝힌 선생의 남을 배려하는 철학에 대해 '어릴 적 아버지와 천주산에 나무하러 갔을 때 무거운 나뭇짐을 지고 내려오는 사람에게 길을 비켜주지 않자, 나무꾼이 길을 비키게 하여 아버지께 혼이 났다. 그 뒤로 나는 나보다 힘든 이웃을 배려하는 마음을 먹고 평생 실천하려 하였다.'라고 밝혔다.

그러한 이유로 고향의 봄 기념 사업 초기 2001년부터 3년간 이원수 선생이 태어난 양산시와 길고 긴 싸움이 있었다. '고향의 봄 창작 배경지 논란'이라고 알려졌지만, 사실은 이원수와 예술정신 모두를 걸고 다툰 것이다.

돌이켜 보면 새삼스러운데 결국 호적부를 발견하고 선생께서 쓰신 회고를 증거로 일단락은 됐지만, 10여 년 가까이 기념 사업 차원의 다툼은 계속되어 오다가 양산박물관이 건립되고 그 중심 공간에 이원수 선생 자료전시관을 조성하는 가운데 이원수문학관과 자료 지원 부분에서 상호 협조가 이루어지면서 다소 우호적인 관계로 전환되었다.

이원수가 성장기를 보낸 창원시 의창동은 어떤 곳인가?

의창동 일대는 <고향의 봄>을 탄생시킨 창작 배경지로서, 우리 민족의 정서적 고향이라는 상징성은 가치가 가히 국제적이라 할 만하다.

작가의 성장 공간은 작가의 생애와 작품세계를 이해하는 데 결정적인 역할을 한다. 그러한 이유로 의창동 일대는 이원수의 평생 삶과 예술세계를 이해하고 그 가치를 규명하는 데 있어서 결정적 공간일 수 있는 것이다.

의창동은 통합 창원시의 명칭 선택에 결정적인 영향을 미칠 만큼 600년의 역사를 자랑하는 조선시대 창원대도호부의 읍성지로서 지금의 의창구와 마산회원구를 합친 지역의 중심지였다.

읍성을 중심으로 '꽃대궐'의 배경지인 조각가 김종영 생가와 향교를 거쳐 이원수의 성장지, 북동샘에서 남산공원에 이르기까지 옛 창원의 향수를 느낄 수 있는 이 길은 경상남도가 문화 자산과 관광자원으로서 가치가 있는 근대건축문화 유산 보존 활용을 위해 선정한 '근대건축문화 유산

10개 투어길' 중 하나인 '창원역사마을길'이다.

 그러나 창원대도호부의 읍성 흔적은 일제강점기에 경전선 철로 개설로 북벽이 훼손되고 마산-부산 간 신작로 개설 때 남벽이, 창원초등학교 신축으로 객사가 훼손되었으며 이후에도 도시형성 과정에서 대부분 사라졌다.

 진달래가 붉게 피는 천주산 맞은편, 읍성의 남쪽에는 남산이 있는데 당시 그곳에는 복숭아나무와 살구나무가 많았다고 한다. 그리고 그 산자락에는 보리밭과 미나리꽝이 펼쳐지며 푸른 들을 만들어 그 사이로 흐르는 시내는 송사리를 잡으며 동심을 키우던 곳으로 이원수가 수필에서 '피라미로 미끼 삼아 물가로 날아오는 파랑새를 잡으며 놀던' 곳이다.

 이처럼 창원 읍성을 중심으로, 봄이면 마을 뒤 천주산에서는 진달래가, 마을 앞 남산에는 복숭아꽃, 살구꽃이 피었고, 그 자락으로 미나리꽝과 보리밭이 파란들을 만들어 주었으며, 마을에는 집들의 담 너머로 갖가지 꽃들이 피어 꽃대궐을 이루는 곳이 <고향의 봄> 무대인 소답동이다.

 이원수 선생이 고향에 대한 추억을 떠올리며 쓴 수필과 소답리의 옛 지도와 지금의 지형들을 견주어 보면 <고향의 봄> 노랫말이 그대로 한 폭의 그림으로 그려진다. 그리고 마을 뒤로 높이 솟은 천주산은 이 지역의 많은 시인이 노래했던 창원의 진산으로 봄이면 진달래가 붉게 피어 해마다 '진달래 축제'를 열고 있는 곳이기도 하다. 그리고 이원수 선생의 동시 <어디만큼 오시나>를 비롯하여 동화 <꼬마옥이>의 배경이 되는 곳으로 잘 알려져 있다.

이원수의 또 다른 고향 마산은
이원수의 삶과 작품세계에 어떤 영향을 미쳤나?

이원수는 11살이던 1922년에 마산 오동동 80-1번지로 이사를 한다. 가난 때문에 아버지의 일자리 따라 옮겨 다닌 것이다. 그리고 이듬해인 1923년에 마산공립보통학교(지금의 마산성호초등학교) 2학년에 편입학한다. 나이와 서당에 다닌 경력을 학교에서 고려한 것이다. 선생은 후에 마산을 '마음의 고향'이라고 추억하였다. 마산에서 보통학교와 상업학교에 다니며 문학 활동을 하였고, 소년회 활동을 하며 민족혼을 다졌다고 회고했다.

선생은 방정환의 아동 문화운동의 하나로 당시 전국적으로 성행했던 소년회 활동을 열심히 했는데, 마산에서 결성된 조직이 '신화소년회'이며 이원수도 창립 회원 중의 한 사람이었다.

| 마산 오동동 고향의봄 창작터 발견, 2011. |

이원수는 소년회의 정신과 활동에 대해 '학교에서 가르치지 않는 우리 민족의 역사에 대해서, 일본의 정치가 우리 민족을 어떻게 다루고 있는가에 대해서' 알게 해주었고 '동네의 길이 나빠졌거나, 다리가 무너졌거나 하면 그걸 고치는 일'을 함으로써, 힘든 일이었지만 '소년회 회원들과 힘을 합해 남을 돕는 일을 할 때의 즐거움을 알게' 되었다고 했다.

이때 이원수는 보통학교 학생으로서 마산 산호, 양덕의 야학에 교사로도 활동했다. 그것도 소년회 활동의 하나였다.

이렇게 이원수는 마음의 고향으로 여겼던 마산과 함께

문학의 꿈과 서민문학, 민족 문학으로서 그 정신을 키웠다.

선생은 1923년 마산공립보통학교를 다니면서부터 아동잡지 『어린이』와 『신소년』을 애독하게 되었다. 집안이 가난했던 그에게 어린이 잡지를 보며 방정환과 관계를 맺은 것은 문학을 하게 된 중요한 계기가 되었다.

마산으로 이사한 뒤 2년 가까이 지나 아버지가 세상을 떠나고, 그 다정다감했던 아버지와의 소중한 추억을 떠올리며 쓴 첫 작품이 바로 <고향의 봄>이다.

그런가 하면 선생은 마산 사랑을 우리가 익숙하게 불러 온 <고향 바다>라는 작품에 담았다.

봄이 오면 바다는/찰랑찰랑 차알랑./모래 밭엔 게들이/살금살금 나오고/
우리 동무 뱃전에/나란히 앉아/물결에 한들한들/노래 불렀지.//
내 고향 바다.,/내 고향 바다./잘려고 눈 감아도/화안히 뵈네./
은고기 비늘처럼/반짝반짝 반짝이는/내 고향 바다. 내 고향 바다.//
-이원수, <고향 바다> 전문

이원수의 어릴 적 가족의 삶은 어떠했을까?

이원수의 초기 시에는 누이를 소재로 한 작품이 많다. 소년소설과 아동 극본에서도, 어머니는 건강이 좋지 않아 경제적 능력을 갖추지 못하고 누이가 그 역할을 하는 작품이 대부분이다. 이것은 실제 창원과 마산에서 이원수 선생이 성장할 시기에 누이들이 그를 키웠다는 것에서 나온 것임을 알 수 있다.

 아버지는 1925년, 그가 보통학교 4학년 때 돌아가셨으며, 어머니는 몸이 아팠다는 수필의 내용들로 보아 건강이 그리 좋지 못하여 경제 능력이 없었던 것으로 보인다. 결국 가정을 이끌어가야 할 몫은 위로 있던 누나들에게 돌아갔던 것이다.
 아버지가 돌아가시고 난 후 집안의 경제는 이문술과 진순남이 결혼하여 낳은 장녀 송연이 책임을 졌다. 송연은 마산 오동동에 있던 권번의 기생이었다. 10대의 나이에 기생 수업을 받고 권번의 기생이 되었는데 마산 오동동에 있었던 권번은 이원수가 살았던 집 오동동 71번지와 가까운 곳에 있었다.
 아버지 사후 송연 누나가 이원수의 보통학교 학비를 대는 일을 하다 나중에는 송연을 첩으로 삼은 이석건이 학비를 대주어서 마산상업학교를 졸업할 수 있었다고 전한다.

 정리하면 선생은 가난한 목수의 외동아들로 태어나 시골

창원에서 유년을 보냈고 10대 소년 시절에 아버지를 여의었으며, 이후 누이들의 도움을 받아 마산에서 보통학교와 상업학교를 졸업할 수 있었다.

누이들이 어린 나이에 기생이 되기도 하고 돈을 벌러 일찍 집을 떠나야 했던 사정들은 그의 초기 동시의 소재가 되어 당시 소녀들의 구체적인 삶을 보여주고 있다.

이원수 선생이 일하는 여성을 연민으로 바라보며 당시 서민 아동의 현실을 감명 깊게 노래할 수 있었던 것은 그의 성장기 삶이 반영된 결과였기 때문이라고 볼 수 있다.

▽1927년~1929년 무렵, 누이동생·큰누님·
어머니 진순남 여사·누이동생·이원수(왼쪽부터).

| 어머니 진순남 여사와 누이들 (마산),1928. |

첫 직장이 있던 함안에서 이원수는 어떻게 살았을까?

이원수는 1931년 마산공립상업학교(지금의 마산용마고등학교)를 졸업하고 스무 살의 나이에 함안면에 있던 함안금융조합 본점의 서기로 취직한다. 이때를 선생은 「흘러가는 세월 속에」라는 글을 통해 이렇게 회고했다.

그 시절, 나는 불우한 생활환경 속에 있었다. 가난한 집 외동아들로서 위 학교로 진학할 일은 엄두도 내지 못했고 집을 떠나 고학할 형편조차 못 되어 있었다. 다니던 상업학교를 나오면 바로 은행이나 금융조합 같은 데 취직을 해야 할 신세였다.
　　　　　　－이원수, <흘러가는 세월 속에>(1980년) 중에서

선생은 서울의 다른 친구들처럼 상급학교로 진학하는 꿈도 꾸었을 만하다. 그러나 아버지는 일찍 여의었고 편찮으신 어머니와 어린 동생이 있었으며, 자신을 위해 희생한 누이들이 있었기 때문에 상업학교를 졸업하고 바로 은행 같은데 취직해서 어머니와 누이를 건사할 가장이 되어야 했다.

그가 취직한 금융조합은 특히 농촌에 있었기 때문에 많은 농민과 대면해야 하는 곳이었고 선생은 함안금융조합에서 서기로 일하면서 농민들에게 대부금 이자를 독촉하여 받으러 다니는 일을 주로 하였다.

 선생은 힘들게 사는 산골마을 사람들의 생활을 보고 연민을 가졌으며 이들과 고통을 나누는 마음으로 뜻을 같이 하는 사람들과 독서회를 조직해 문학을 공부했다고 한다..

 농촌의 실상을 직접 겪으며 농민과 문학을 주제로 공부하자고 이원수 선생의 주도로 몇몇 청년들이 모였는데, 그 독서회에서 함께 공부했던 6명은 1935년 2월 27일과 28일에 일경에 잡혀가게 되었다.

 그들은 마산의 유치장에서 2개월의 취조를 마치고 징역 8개월, 집행유예 5년 형을 선고받았다. 그리고 마산 오동동에 있는 마산 교도소에서 8개월의 형을 살게 되었다.

 1936년 1월 30일 자유의 몸이 된 그는 다섯 달 만인 그해 6월에, 수원에 살던 최순애와 결혼을 하고 마산 산호동 용마산 자락에 있는 집에 세 들어 신혼을 차린다.

 지금도 그 집과 집 앞의 우물은 그대로 남아 있다. 거기 살면서 잠시 창동에 있는 한성당 건재상에 다니게 되는데 여전히 집행유예 5년을 받은 상태라 사상범으로 지목받아 자유롭지 못한 몸이었다. 그러다 1937년에 함안금융조합으로 복직하여, 함안군으로 이사를 한다.

 가족에 대해 대강을 정리해 보면, 1936년에 최순애와 혼인을 하여 신고하였고, 1937년에 장남 경화 출생, 1939년

차남 창화 출생, 1941년 장녀 영옥 출생, 1945년 차녀 정옥 출생까지가 경남 지역에서의 가족구성이다.

복직한 이후 일제 말기 탄압이 극에 달하던 시기인 1942년과 43년에 금융조합 기관지, 요즘의 사보 격인 《반도의 빛半島の光》에 동시 1편, 시 2편, 수필 2편 등 총 5편의 친일 작품을 발표하게 된다. 지독한 가난과 가족의 생계 문제 일제 말기 혹독한 탄압의 결과로 빚어진 생계형 작품 발표라는 게 중론이다. 그리고 <털어놓고 하는 말>에 이원수 선생은 이렇게 밝히고 있다.

정말 막막한 시대였다. 눈에 보이는 것, 귀에 들리는 것이 모두 일본의 노예로 사는 것만이 가장 정당하고 옳은 것 같은 그런 시대였다.
나는 담담하게 해방을 맞았다. 따지고 보면 나 자신도 친일분자의 하나로 남들에게 보였을지도 모르고, 그렇지 않은 사람이라면 어디 살아 있을 수조차도 없었을지 모르겠지만, 그 많던 충성스럽던 친일 인사들이 어떻게 우리 민족으로 돌아올지 궁금했다.
- 이원수, <털어놓고 하는 말>(1980년) 중에서

평생을 올곧게 우리말 우리글 지킴이로 살았던 이오덕은 친일 작품 발견 이후 고향의봄기념사업회에서 개최한 학술행사에서 이원수 선생의 친일 작품 관련 이렇게 판단했다.

선생의 친일시는 우리 민족 앞에서 크나큰 죄를 지은 것이다. 여기서는 어떠한 변명도 할 수 없다. 참으로 안타깝고 섭섭한 일이다. 그러나 그 이상 더 실망하지는 않는다.

선생만큼 불의와 부정을 싫어하고, 어떤 권력 앞에서도 굽히거나 타협하지 않고 올바르게 살고 있다고 생각되는 사람을, 글쓰기를 직업으로 삼고 있는 사람들 가운데서 만난 적이 없다. 작품으로도 그렇다. 4.19 때 독재자에 항거하는 사람들의 이야기를 동화로 쓰고 동시로 쓴 사람은 이원수 선생뿐이었다. 전태일 청년이 스스로 몸을 불태운 사건을 동화로 쓴 사람도 이원수 선생뿐이었다. 남북분단의 비극과 통일을 애타게 바라는 우리 겨레의 슬프고 애끓는 바람을, 선생은 여러 동화작품에서 훌륭하게 그려 보였다. 이래서 선생의 문학은 우리 겨레 어린이 문학의 가장 올바른 줄기를 잇고 그것을 튼튼하게 지탱해주는 기둥으로 되어 있다고 한 것이다.

선생은 이렇게 올곧게 살았고, 우리 어린이 문학에서 그 아무도 따를 수 없는 높은 경지의 작품을 발표하였는데도 세상살이에서는 언제나 푸대접을 받았다. 권력과 손잡기를 싫어했기 때문이다. 그래서 반공만을 이념으로 하는 군사독재 폭력 정권에 붙어서 그 반민주 정치를 추종하고 찬양한 모든 문인에게 따돌려져서 음으로 양으로 냉대를 받는 처지로도 되었으니, 이에 따라서 물질생활 면에서도 여간 어려운 형편이 아니었다. 그러나 선생은 단 한 번도 자신이 가는 길과 아주 어긋난 사람의 손을 잡은 일이 없었다. 마지막에 죽음과 싸우는 끔찍한 병을 앓으면서도 광주 사건을 소식으로 듣고 분노했던 것이다.

이렇게 살았던 태도로 미루어 선생은 일제 말기에 한때 저질렀던 그 친일 행적을 뼈아프게 뉘우쳤음이 분명하다. 어쩌면 선생은 그 부끄러운 친일 동시를 썼던 몇 해 동안의 죄를 갚기 위해 그 뒤로 그 몇 해란 세월의 꼭 10배나 되는 동안을(한평생을) 우리 어린이와 겨레를 살리기 위한 작품을 써서 남기려고 하였던 것이 아닌가 하는 생각이 든다.
 - 이오덕, <이원수 선생의 일제 말기 친일 시, 어떻게 볼 것인가>(2003년) 중에서

다음의 글은 선생의 장남이자 역시 아동문학가인 이경화 선생이 <불행했던 나의 아버지 이원수>라는 글의 마지막 부분이다. 오죽 충격이 컸으면 '나는 지금 어쩔 수 없이 이 글을 쓰고 있다. 비밀의 코드가 숨어 있을 것만 같다.'라는 표현했을까 싶다.

최근 금융조합 기관지에 친일의 글을 쓰신 것이 밝혀져 우리 유족은 너무나 놀라고 충격을 받았다. 독서회 사건으로 형을 살았고 석방된 후 불온사상 요주의 인물로 일 년간 제대로 된 직장을 구하지 못하고 고생하던 때 상사의 도움으로 금융조합에 복직했던 아버지는 알게 모르게 얼마나 압박을 받으셨을까? 짐작할 뿐이다. 해방의 기쁨을 노래하고 기뻐하시던 아버지, 보이지 않는 감시의 눈길을 의식하면서도 아들에게 한글을 가르치고 항일 정신을 심어 주시던 분이 자원해서 쓰셨다고는 믿을 수가 없다. 문제의 친일 글 속에도 '나는 지금 어쩔 수 없이 이 글을 쓰고 있다.'는 비밀의 코드가 숨어 있을 것만 같다.
 - 이경화, <불행했던 나의 아버지>
 (대산문화, 1911년 여름호) 중에서

| 이원수 가족사진, 1972. 7. 2. |

이원수와 평생의 반려자 최순애와의 사랑 이야기

뜸북 뜸북 뜸북새/논에서 울고/뻐꾹 뻐꾹 뻐꾹새/숲에서 울제//

우리 오빠 말 타고/서울 가시며/비단 구두 사가지고/오신다더니//

- 최순애, <오빠 생각>(1925년)

언제 불러도 그리운 향수를 불러일으키는 노랫말 때문에 많은 사람이 좋아하는 국민 동요 <오빠 생각>. 수원에 살고 있는 12살의 어린 소녀 최순애(1914~1998)가 서울 간

오빠를 기다리며 썼다는 동시이다.

방정환이 내던 어린이 잡지《어린이》에 1925년 이원수보다 한해 먼저 동시가 당선됨으로써 최순애는 어린이 작가로 이름을 알린 소녀 문사였다.

최순애의 아버지 최경우와 오빠 최영주는 어린이문화운동가였던 방정환을 좋아하고 따르던 사람들이었다. 특히 오빠 최영주는 방정환과 《어린이》 잡지를 함께 발행했던 문예운동가이기도 했다.

최순애의 동생 최영애 역시 열 살 어린 나이에 《어린이》에 최순애보다 먼저 <꼬부랑 할머니>라는 동시가 입선으로 당선되어 실렸다.

최순애는 1928년 삼일여자보통학교(현 수원 매향중학교)를 졸업하고 배화학당(배화여고)에 들어갔지만 몸이 약했던 까닭에 그만두었다고 한다.

그런 최순애에게 이원수는 <고향의 봄>이 당선된 뒤 기쁨사 동인 활동으로 글동무들끼리 회람지를 돌려쓰고 읽던 때 먼저 편지를 보냈다고 한다.

<오빠 생각>과 <고향의 봄>은 그렇게 서로 연결이 됐다. 기쁨사 동인으로 활동하던 최순애와 이원수는 자연스럽게 서로 편지를 주고받기 시작했고, 수원에 살던 최순애와 마산에 살던 이원수가 서로 한 번도 만나지 못하였지만, 십여 년간 편지로 사랑하는 감정을 주고받았다.

| 수원 결혼식 후 처가에서. 1936. |

 그리하여 이원수가 최순애와의 결혼을 생각하며 수원행 기차를 타기로 하고 최순애와 만나기로 약속하였는데 바로 그 전날 이원수는 함안 독서회 사건으로 일경에 붙들려가서 옥고를 치르게 되었다.

 1년 징역을 산 뒤 1936년 1월 말에 5년의 집행유예를 선고받고 석방된 이원수는 바로 수원으로 찾아가서 최순애를 만났다. 집안의 반대가 있었으나 문화운동을 하던 오빠 최영주의 도움으로 출옥 후 다섯 달 만에 수원의 작은 교회에서 결혼식을 올리고 마산으로 내려와 산호동에서 신혼을 살았다.

사상범으로 출옥하여 전의 직장에 나갈 수 없게 된 남편 이원수는 마산 창동에 있는 건재상에 다니며 일을 했지만, 집행유예 5년을 선고받은 상태라 몸은 자유롭지 못했고 가난은 둘 사이를 다시 갈라놓기도 하였다.

| 마산에서 가족사진, 1941. |

'실직자가 되었고 물론 돈도 없는 거지가 되어 있었던 만치 몇 달 후에는 아내를 친정에 보내어 쉬게 할 수밖에 없었다.' '가난하다는 이유로 그녀를 돌려보내고 나니, 나는 마음이 쓰리고 허전했다. 매일 편지를 주고받고는 했지만, 그 허전함을 메울 수가 없었다. 마을 뒤에는 용마산이

있는데, 나는 낮이면 그 산에 올라가 하얀 신작로를 바라보곤 했다. 그리고 우체부가 나타나면 뛰어 내려가곤 했다.' 이렇게 회고했다.

1945년 해방이 된 후 최순애의 형부인 고백한의 권유로 최순애와 이원수는 서울로 올라가 살게 되었다. 그리고 곧이어 전쟁이 터지게 되었는데, 이때 이원수는 인민군 치하에서 피난을 가지 않고 부역했다는 것 때문에 숨어 지내게 되었다.

남편이 없는 사이 여섯 아이를 데리고 최순애 혼자 일을 해서 먹고살아야 했으니 그 고통은 이루 말로 다할 수 없었을 것이다. 그때 전쟁의 폭격 속에 최순애는 어린아이들을 잃어버렸다. 다행히 장녀 영옥은 제주도 고아원에서 찾을 수 있었으나 상옥과 용화는 찾을 수 없었다.

수원에서 과수원집 딸로 어려움 없이 살던 최순애가 마산의 가난한 아동문학가 이원수와 결혼을 한 후에는 늘 경제난 속에 살았다. 신혼에는 경제적 어려움으로 친정에 가 있어야 했고, 전쟁 통에 남편 없이 자식을 먹이고 챙겨야 했던 어려움을 겪었으며, 이후에도 전업 작가로 일하는 남편과 함께 늘 경제적 어려움을 떨치지 못했던 것으로 보인다. 약한 몸으로 경제난 속에 살아오면서도 최순애는 남편을 뒷바라지하고 자식을 키우는데 정성을 다했다.

이원수 선생은 이런 아내를 고마워했다. '아내가 어려운 살림을 이날 이때까지 해오고 있는 것은 경제적 힘이 너무나 없는 남편 때문이지만, 그래도 그걸 견디어내는 힘은 내 직업을 얕보지 않고 이해해 주는 데에서 생겼으리라 믿는다. 그리고 나의 고집과 자존심을 누구보다도 알아주고 탓하지 않는 데서 아내는 경난 속의 일생을 능히 살아오는 것이라 생각한다.'고 했다. 최순애 역시 이런 이원수를 생각하여 '아동문학을 하는 사람이 그런 고집도 없으면 어떻게 될지도 모른다고 생각되어, 경제적 곤란을 무한히 겪으면서도 참고 견디어' 왔다고 회고한 적이 있다.

 그러나 이원수 선생의 자녀들은 너무나 가난한 환경에서 자란 탓으로 예술에 남다른 재능을 가졌음에도 모두 취업 잘되는 공대를 택한 것도 우연이 아니다.

약자의 슬픔과 시대의 아픔을 품은 이원수의 삶과 문학

 이원수 선생은 현실 참여적 동시를 개척하는 많은 작품을 남겼다. 또한 장편 동화와 아동소설을 정립하는 데 선구적 업적을 남기기도 하였다. 그리고 작품 활동 외에도 끊임없이 비평 활동을 하면서 아동문학 이론을 확립하였다.

대부분 아동문학가가 이러한 시대상 속에서 동심을 천사와 같이 보아 현실과 유리된 작품을 내놓거나 반공주의와 교육주의에 편승한 문학작품을 창작하였지만, 이원수는 현실을 수용하면서 어린이 스스로 현실을 이겨낼 수 있는 상상력을 주는 작품으로 민족 문학, 서민문학, 현실주의 문학을 끌어나갔다.

 해방 직후 복잡한 현실을 작품으로 담아내는데, 동시로서는 한계를 느낀 선생은 동화나 소년소설 쓰기를 겸하게 된다. 이 시기에 가장 주목을 받은 작품이 <숲속 나라>라는 장편 동화이다. 이 작품은 이상적 인간 사회를 어린이의 마음과 삶의 세계에서 찾고 싶어 한 판타지 형식으로 되어 있다는 것이 특징이다.
 1950년대 선생의 작품에는 전쟁이나 죽음과 관련된 것이 많다. 그도 그럴 것이, 6·25라는 동족상잔의 전쟁을 치른 이 땅의 비극을 그가 외면했을 리 없기 때문이다. 그에게 전쟁은 고아, 굶주림, 이별 등 온갖 고통의 원인이었으며, 세상에서 부정되어야 할 모든 것들의 집합체일 수밖에 없었는데, 동화 <꼬마 옥이>는 이 시기를 대표하는 작품의 하나다.

 1960년에 겪은 4·19혁명은 그의 의식을 민주주의의 소중함, 독재정권에 대한 저항이라는 새로운 방향으로 키우는

데 큰 몫을 담당하였다. 이후 한국 사회의 산업화와 경제 발전으로 인한 부의 불균등 현상이나 군부 독재정권의 집권 연장에 강한 저항 의식도 이 시기에 찾을 수 있다. 대부분 아동문학와는 달리, 선생은 현실을 수용하면서 어린이 스스로 현실을 이겨낼 수 있는 상상력을 주는 것으로써 민족 문학, 서민문학, 현실주의 문학을 끌어나갔던 것이다.

마산에서 일어난 3·15의거를 <어느 마산 소녀의 이야기>라는 동화로 살려냈으며, 4·19혁명은 <벚꽃과 돌멩이>로, 그리고 혁명 후에 이어가야 할 정신의 계승은 <땅속의 귀>라는 동화로 들려준 것도 이 시기였다.

이른바 산업화 시대가 도래하던 1970년대 이후의 작품에서는 노동 문제, 소외된 아동에 대한 작품이 많다. 1970년에 발표한 <불새의 춤>은 악덕 기업주에 대한 고발과 노동자의 아픔을 나타내고자 한 단편 동화이다. 이것은 1970년 11월 13일 청계천 봉제 공장 노동자 전태일이 노동자의 인권과 주권을 찾으려고 처절하게 몸부림치다 분신한 사건을 보도한 몇 줄의 기사가 발단되었다고 한다.

이 밖에도 선생의 작품은 실향민의 아픔과 민족 통일을 염원하는 것도 여럿 있다.

그러한 다양한 창작활동으로 선생은 1970년 '고마우신 선생님상'을 받았고, 1973년 한국문학상, 1974년에 대한민국 문화예술상, 1978년 예술원상(문학부문), 1980년 대한민국문학상을 받았으며 사후 금관문화훈장을 추서 받았다.

| 세종아동문학상 시상식에서, 1977. |

| 대한민국예술원상(문학부문) 시상식에서, 1978. |

이 시대 이원수 문학의 진정한 가치는 무엇인가?

우리나라에는 해방과 분단, 6·25 전쟁과 4·19 혁명, 그리고 그 뒤 개발독재 시대를 거치면서 줄곧 올곧은 소리를 내 온 몇 안 되는 현실주의 어린이문학가들이 있었고, 이 '깨어있는' 어린이 문학이 이원수로부터 시작되어 이오덕, 권정생, 이현주 등 여러 갈래 후학으로 이어지며 한 계보를 이루어 왔다는 것이 정설이다.

이원수는 바로 그 억압과 편견에 맞서 오직 꿋꿋한 믿음 하나로 아이들 편에 서서 세상을 바꾸고자 하는 열망을 불태우며 외로운 싸움을 해 왔다. 글 쓰는 사람이 권력이나 돈에 넘어가면 사이비가 되지만, 그 대신 그들은 권력과 돈을 등에 업고 부귀영화를 누렸다. 반대로 글 쓰는 사람이 끝까지 뜻을 굽히지 않고 현실을 비판하며 권세나 돈의 힘에 저항하면 그 끝은 대개 비참했다. 가난하게 살다가 쓸쓸히 삶을 마감하거나 감옥에 갇히거나 심지어 애꿎은 목숨을 잃기도 했다. 그 대신 그들은 후세에 아름다운 이름을 남겼다.

때로는 문인이 압력에 못 이겨, 또는 잠시 잘못 생각하여 권세나 돈의 힘에 굴복하는 예도 있다. 그 뒤 곧 잘못을 뉘우치고 문학의 본성 지키기로 돌아오는 사람도 있고, 끝내 자포자기하며 삶을 낭비하는 사람도 있다. 슬프고 안타까운 일이지만, 그렇다고 이들의 잘못이 없어지거나 감춰지는 것은 아니다.

이원수도 한때 친일 작품 몇 편을 쓰는 돌이킬 수 없는 흠결을 남겼다. 우리는 그것을 변명하거나 감싸서도 안 되지만, 그것 때문에 그 뒤의 투쟁과 업적을 깎아내려서도 안 된다고 본다. 이원수가 우리에게 던지는 화두는 다음과 같다.

현실이 아무리 힘들어도, 오히려 힘들수록 정의로움을 포기해서는 안 된다. 옳은 것을 옳다 하고 그런 것을 그르다 하는 용기를 내려놓는 순간 문학은 아무것도 아니다. 또 현실을 똑바로 보고 치열하게 그리는 것이 곧 문학을 살리고 우리를 살릴 것이다. 교육의 탈을 쓴 억압을 단호히 물리치듯이, 위안의 이름을 빌린 헛된 놀음놀이도 경계해야 한다. 현실에 집중하는 것이 이상을 실현하는 지름길이다. 우리 문학을 부끄럽지 않게 하려면 떳떳이 이 땅의 주인이 되어야 한다. 크고 힘센 것을 떠받들며 자기를 업신여기는 못난이 짓을 그만두고 우리 아이들을 겨레의 주인으로 키워야 한다. 어린이문학은 기꺼이 그 구실을 떠맡아야 한다. 사랑만이 우리를 구원할 것이다. 약자들끼리 서로 사랑하고 존중하며 연대하는 길만이 함께 사는 길이다. 어린이와 약한 이들을 존중하고 그들을 억압하는 모든 힘에 맞서 싸워야 한다.

— 이오덕, <이원수문학전집 해설> 중에서

| 안동, 이오덕, 권정생, 박홍근과. 1978. |

이원수가 꿈꾼 이상사회는 어떤 사회일까?

 선생의 장편 <숲속 나라>에 붙인 이오덕의 해설을 빌리면 "자연과 인간이 친교를 맺으며 아름답게 어울리는 나라, 어린이가 주인 되고 어른도 어린이로 되는 나라, 돈이나 높은 자리로 저만 잘 살려는 사람과 약한 자나 가난한 자를 괴롭히는 사람 또는 사치하는 사람과 호화 생활하는 사람이 없는 나라"가 바로 그것이다. 그 세상은 선생이 꿈꾼 세상이자 또한 우리 모두 꿈꾸는 세상일 것이다.
 가난한 목수의 아들로 태어나 가난이라는 것을 몸소 겪었고, 일제강점기 때는 사상범으로 지목되어 옥고를 치렀으며, 6·25 전쟁 때는 두 자식을 잃었을 뿐 아니라 북한에 부역했다는 이유로 '빨갱이' 의혹까지 받았고, 그의 사후인 2002년에는 일제강점기 말기에 발표한 5편의 친일 작품이 도마 위에 오르는 아픔까지 더한 점을 볼 때, 그의 생애는 결코 평탄한 것이었다고 할 수 없다.

위대한 예술가들도 대부분 사후 10년을 고비로 인기가 시들해진다. 그러나 이원수 선생의 문학은 현재도 여전히 출판되고 있고 많이 읽히고 있다. 그 이유는 그의 작품이 '억압과 편견, 권력과 돈의 힘'에 맞서서 정의와 사랑 주체의식을 갖게 하는 '깨어있는 문학'이면서 시대의 아픔들이 고스란히 배어있기 때문이다.

| 서울, 암 투병 중 초등학교 일일교사 때 모습,1980. |

3. 다시 백 년을 이어갈 <고향의 봄>을 위하여

손 놓고 싶었던 순간들

앞서 언급한 것처럼 25년 동안 내게 주어진 운명처럼 <고향의 봄>과 이원수 선생의 업적을 선양하는 기념 사업을 해왔지만, 개인적으로 그만두고 싶었던 때가 몇 번 있었다.

그중 첫 번째는 2003년 말 이원수문학관 개관 직후였다. 문학관을 개관하기까지 유가족의 설득과 유품 확보, 양산시와의 갈등 종결, 친일 작품 발견 이후의 대처 등 어려운 과정을 겪으면서도 소기의 목표를 달성하면서 고향의봄기념사업추진위원회가 해산되고 난 뒤였다.
그때 나는 내가 할 일은 다했다는 안도감과 함께 그 당시 맡고 있던 창원문인협회장 임기도 끝났기 때문이었다. 그런데 창원시립으로 문을 연 문학관에서 이제는 좀 더 본격적으로 다양한 사업들을 펼쳐야 하는데 배치한 직원이 무기계약직 사무국장 한 명이었다. 이 인력으로는 다양한 기념 사업은커녕, 일상적인 관리 운영을 하기도 힘든 상황이었다. 이러한 대처가 부적절함을 창원시에 요구했지만, 기념사업추진위원회 못지않게 창원시도 친일 시비에 시달린 탓에 '어쩔 수 없다'라는 대답만 했다.

그래서 문학관 운영지원과 민간 차원의 독자적 사업 추진을 위해 추진위원회 활동에 참여했던 일부 인사와 뜻을 함께하는 문인들 중심으로 단출한 고향의봄기념사업회를 출범시키면서 필자는 자연스럽게 회장을 맡아 사업에 주도적으로 참여하게 되었다.

두 번째는 2008년도에 찾아왔다. 다소 위험한 단계로 진단된 암 발병과 함께 힘들었던 항암치료 과정에서도 그만두어야 하는 우선순위의 일에서 뒤쪽으로 미루었던 이원수문학관 운영의 일에 대해 창원시가 애초 위 수탁 계약 당시와 다르게 예산과 행정 지원 등에 소홀해지면서 위 수탁 계약에 대한 후회와 함께 찾아왔다.

절명의 위기에서 항암치료는 잘 끝나지만 당시 필자는 직장인 마산MBC에서 모든 수익을 관장하는 방송사업국장 직책과 함께 창원예총 회장 일을 하면서도 통영국제음악제 일도 맡고 있었기 때문에 이원수문학관 관장 일에 신경 쓸 틈이 부족했기 때문이었다.

이때 나를 붙들어두는 데는 이원수 선생 유가족의 절대적 신뢰를 외면해야 하는 부담과 함께 장진화 사무국장의 헌신적인 노력과 다양한 아이디어, 그리고 적극적인 추진력의 힘이 컸다. 사무국장에게 실무를 믿고 맡겨도 되겠다는 확신이 생겼다.

세 번째는 2011년 이원수 탄생 100주년 기념 사업을 마무리할 때이다. 이원수 선생 차녀 이정옥 여사께서 아버지 이원수 선생의 과거 친일 작품에 대해 유가족 대표로서 사과할 때였다. 기자들 앞에서 눈시울을 붉히며 사과할 때 나도 함께 눈물을 머금었다.

기념 사업 초기에 나와 처음 만난 자리에서 아버지 이원수 선생을 기리는 선양사업에 반대하시면서 '아버지가 살아계셨으면 이렇게 누구로부터 떠받들어지는 걸 원치 않았을 거다. 그 흔한 문학상 제정에 관해 지난 20년 동안 많은 아동문학계 인사들이 찾아왔지만, 그 이유로 반대해 왔다.'라고 한 말이 생각났다.

그리고는 '그때 내가 끈질기게 설득하고 양해를 구하지 않았더라면 유가족이 이런 곤욕을 치르지 않았을 텐데' 하는 자괴감과 함께 미안한 생각이 들었다.

<고향의 봄> 창작 90년이 되던 2015년은 영화 '국제시장'의 해였다. 그 영화 한 편이 우리들의 향수를 자극하며 오랫동안 신드롬을 일으켰다. 그런가 하면 가족과 이웃 간의 정을 주제로 한 케이블 TV 드라마 '응답하라 1988' 세 칭 '응팔'도 4, 50대의 추억과 젊은 세대들의 로맨스를 자

극하면서 전 세대를 아우르는 인기를 끌었다.
 그리고 이들의 감동이 채 가라앉기 전에 영화 '오빠 생각'이 다시 한번 우리들의 이러한 정서를 아우를 조짐을 보이며 최근 개봉되었다.

| 키르기스스탄에서 열린 고향의 봄 문학의 밤, 2012. |

 영화 '국제시장'에서 주인공이 파노라마처럼 곡진 과거를 회상하는 대단원의 종결 부문에 잔잔히 흐르는 <고향의 봄>과 어울리는 영상은 그야말로 우리들의 가슴을 뭉클하게 하면서 감동의 눈물을 참을 수 없게 만들었다.
 영화 '오빠 생각'은 '참혹한 한국전쟁 한가운데에서 노래가 만들어 내는 기적'을 줄거리로 다루었지만, 오누이를 중심으로 한 가족 사랑 인간 사랑이 주류를 이루었다. 영화 '오빠 생각'의 주 테마음악은 <고향의 봄>과 <오빠 생각>이었다. 영화의 결정적인 순간마다 익숙한 이 노래가 줄거

리와 절묘하게 어울리며 향수를 자극하고 격정의 시대를 살아온 어른들만의 추억이라 생각했던 소재의 영역을 확장하는 역할을 했다.

 이렇게 전 세대를 아우르는 힘을 통해 동요 <고향의 봄>과 <오빠 생각>은 과거와 현재 앞으로 다가올 미래의 시대에 이르기까지 얼마나 크나큰 가치를 가졌는지 여실히 보여주었다. 그리고 과거 사랑받던 동요가 요즘 시대정신이나 정서와 동떨어져 있어 잘 불리지 않는다는 일부 주장에 대해서도 크게 일침을 가했다.

 현재와 미래 사회에서도 여전히 중요시될 화두는 '힐링과 웰빙'이다. 산업사회의 이상향이었을 뿐만 아니라 이 '힐빙'의 시대에도 여전히 이상적인 평화와 안식은 '고향'이라는 공간이다. 언젠가는 돌아가고 싶은 곳, 지금은 돌아갈 수 없어 더 애절하고 그리운 곳을 우리는 통칭해서 '고향'이라고 부른다. 그 향수가 집약된 민족의 노래가 <고향의 봄>이고, 창작자이자 창작 배경지가 창원이다.

 이 시대와 세대를 아울러 정서적 공감을 끌어내고 있는 <고향의 봄>과 <오빠 생각>은 바로 우리 창원이 낳고 기른 한국 아동문학의 거목 이원수 선생과 선생의 부인인 아동문학가 최순애 선생의 작품이다. 두 사람이 결혼하여 수

년간 신접살림한 곳도 창원이다. 따라서 <고향의 봄>과 <오빠 생각>은 창원의 문화 자산인 것이다.

　지난 2023년 5월 어린이날 100주년을 앞두고 KBS에서 한국민이 가장 사랑하는 동요를 설문 조사하고 특집방송을 했는데, 단연 1위가 <고향의 봄>이었다. 필자가 기억하는 한 이 1위의 기록은 한 번도 바뀐 적 없고 단지 2위부터는 시대 상황에 따라 순위가 바뀌었던 터라 결과를 새삼 놀라워할 일은 아닌데 오랫동안 사랑받고 있다는 점이 기념 사업을 펼치고 있는 사람으로서 자랑스러웠다.

　<고향의 봄>이라는 이 위대한 문화 자산을 우리는 과연 어떻게 가치를 넓히고 온전히 후손들에게 물려줄 것인가? <고향의 봄>을 부르면서 창원을 떠올리게 하고, 또 그 편안하고 평화로운 어머니의 품 같은 '찾고 싶은 도시 창원'으로 가꾸어 가길 희망하며 나는 다시 마음을 다잡았다.

| '고향의 봄 칸타타 공연, 2016.3.17. |

<고향의 봄>의 가치에 대한 믿음을 더욱 깊이 품으며

어느 기회가 있어 시인 열두 명이 먼 나라 여행을 떠난 일이 있었다. 대만을 거치고 태국을 지나 인도와 중동 그리고 아프리카 리비아를 갔다. 그때 우리나라는 중동의 문이 열려 중동으로 모이곤 했다. 우리는 거길 거쳐 아프리카 리비아를 찾았다. 당시 우리나라의 건설회사들이 그곳 리비아에 모여 있었다. 그곳에서는 회사마다 아침이면 조국과 고향을 생각하며 노래를 부르고 조회를 시작했다. 그런데 그들이 처음 부르는 노래가 애국가가 아니고 <고향의 봄>이었다. 우리도 부르며 같이 울었다. 끝난 후에 내가 물었다.
"애국가를 먼저 부르지 않고 나의 살던 고향을 부르는 이유는 뭡니까?"
그들은 "애국가는 나라의 노래요 <고향의 봄>은 마음의 노래입니다"라고 했다. 우리는 그들의 마음을 잊지 못하고 같이 울었다. 나라의 노래, 마음의 노래가 있었다.

(황금찬 선생의 글 중에서)

한국 문단의 거목인 황금찬 선생께서 지난 2010년 8월 이원수문학관 소식지 『꽃대궐』에 보내준 글 가운데 일부이다. 이 글을 읽으며 새삼 가슴이 찡했다. 애국가가 나라의 노래라면, 우리 민족의 그리움을 달래주는 마음의 노래는 다름 아닌 <고향의 봄>이라는 것이 그 어떤 말보다 가슴에 와닿았기 때문이다.

'귀한 보석에 비록 흠이 있을지언정 그 보석을 버릴 수는 없지 않은가?' 하는 생각으로 욕심내지 않고 창원 시민들에게 조금씩 가까이 다가가는 기념 사업을 진행했다. 그것이 올해로 벌써 25년을 맞았다.

2001년부터 시작한 고향의 봄 기념 사업은 지금에 이르기까지 여러 우여곡절도 겪었지만 이원수 선생과 <고향의 봄>이 갖는 문화 자산적 가치를 활용하여 '삭막한 공업도시 창원'을 '동심 가득한, 따뜻하고 풍요로운 문화도시 창원'으로 바꾸기 위해 고민과 연구를 거듭하면서 각종 사업을 펼쳐왔다.

| 창원 어린이 고향의 봄 잔치>

혹자들은 말했다. 우리들의 삶의 방식과 더불어 고향에 대한 개념도 크게 바뀌어 어려울 때 위안과 안식을 주던 <고향의 봄> 노래의 가치도 달라져 가고 있다고.

첨단 산업 시대를 맞아 지능형 로봇과 공존하는 이 시대에 '고향'과 <고향의 봄> 노래가 가지는 가치는 무엇일까? 지난 2021년 20주년 기념 행사장에서 우리는 그 답을 확인할 수 있었다. 기념행사의 끝에 어린이 중창단이 부르는 <고향의 봄>을 누가 제안하지도 않았는데 여기저기서 조용조용 따라 불렀다. 행사를 마치고 인사를 나누는데 저마다 한마디씩 했다. 자주 들은 <고향의 봄>인데 오늘은 따라 부르면서 가슴이 먹먹했다는 것이다.

코로나 시국에 왜 <고향의 봄>을 부르며 우리는 가슴이 먹먹해졌는가? 일제의 암울했던 시기에 나라 잃은 서러움을 달래는 망향의 노래로, 분단 이후 남북의 공통적인 정서를 담은 통일의 노래로, 산업화 시대에는 실향의 노래로, 외국에 나가 사는 동포들에게는 향수를 달래며 우리에게 위안과 희망을 주던 노래가 지금 다시 우리에게 위안의 손길을 내밀고있는 것이다.

<고향의 봄>은 왜 시대를 초월하여 우리들의 감성을 자극할까? 현실적으로 되돌아갈 수 없는 공간 같기도, 또 곧 다시 돌아갈 수 있을 것 같기도 한 그리움의 공간을 노래

하고 있기 때문이 아닌가 한다.

고향은 이상적인 꿈의 낙원이 아니다. 샹그릴라도 유토피아도 니르바나도 아닌 그저 평범한 일상의 공간이다. 아프고 외롭고 힘들 때만 보이는 공간이며 일상이 건강하고 편안할 때는 보이지 않는 공간이다.

일제의 핍박 아래에서 우리가 오기를 바랐던 고향의 봄은 탄압 없이 자유로운 소박한 일상이었고, 분단 시대에는 오순도순 피붙이끼리 정이 오가는 행복한 가정이었고, 산업화 시대에는 치열한 생존경쟁 사회 속에서 자연과 더불어 사는 인간다운 삶이었다. 현실적으로 실현 불가능한 이상향을 담지도 않고 그저 남으로부터 해코지당하지 않는, 자유롭고 편안하게 인정이 오가는 일상적인 안식의 공간이다.

코로나 시대에 우리가 가장 그리워한 공간도 근심 걱정 없는 평범한 일상에서 편하게 먹고, 보고 싶은 사람과 자연스럽게 만나 거리낌 없이 정을 나누는 일이었다. 코로나로 지친 우리들의 희망이 바로 '고향' 같은 일상이었다. 그래서 우리는 <고향의 봄>을 부르며 다시 먹먹해진 것이었다.

고향의 봄 기념 사업 25주년을 지나면서 다시 확신한다. 이 땅에 문화공동체가 존재하는 한, 동심의 가치가 사라지지 않는 한 이원수와 <고향의 봄>이 갖는 가치는 끝없이 이어질 것이라고.

지난 25년 동안 모진 풍파도 겪었다. 하지만 나라 안팎의 많은 이들이 <고향의 봄>을 부르며, 그 흔적을 찾기 위해 창원을 찾는 모습을 보며 보람도 느낄 수 있었고 그동안 어려운 상황을 만날 때마다 어린이들의 해맑고도 행복해하는 모습은 우리들의 걱정을 설렘으로 바꾸어 주는 힘이 되었다.

| 이원수문학관 주관 신나는 예술여행 행사 |

 이원수 선생의 정신을 이어받아 '어린이들이 행복한 세상'과 또 문화가 살아 숨 쉬는 고향 같은 '어린이 친화 도시 창원' 만들기를 위해 개관한 이원수문학관도 개관 20년을 넘기면서 명실공히 창원의 대표적 문화시설이자 자산으로 정착되었다. 문학관을 잘 운영하는 일은 어린이 사랑을

실천하는 일이며 어린이 사랑은 인간 본성을 찾는 일임을 한시도 잊지 않고 노력해 온 결과이다.

| 이원수문학관 주관 '동심을 만나다' 행사 |

그런 가운데서도 앞으로 가야 할 길은 멀고 더 험난할 것이라는 예상도 한다. 하지만 이원수 선생도 겨울 들판에 서서 아이들보다 먼저 찬바람을 맞겠다고 호를 동원이라 하지 않았던가?

고향의봄기념사업회도 이원수와 <고향의 봄>의 가치는 우리 민족들의 가슴에 영원하리라는 믿음을 더욱더 깊이 품고 창원에 따뜻한 문화의 봄을 꽃피는데 거름이 되리라 마음을 다잡아 본다.

그래서 내년 2026년, 우리 민족의 노래 <고향의 봄> 창작 100주년이 되는 해를 위해 무슨 일을 해야 할지 깊이 고민하며 준비하는 중이다.

| 고향의봄창작100주년기념사업추진위원회 발대식, 2025.6.11. |

제 3부
한국 소설 문학의 대작가
박경리 선생과의 4년

1. 『토지』 완간 10주년 특집방송 제작기

<PD수첩>을 다시 펼쳐놓고

오랫동안 방송 생활을 하면서 항상 몸에 지니고 다닌 것이 PD수첩이었다. 취재를 가거나 인터뷰 또는 일상의 자잘한 아이디어가 떠오를 때마다 이를 기록하는 습관 때문이다. 정년퇴직하면서 정리해 보니 수첩들만 스무 권 남짓, 훌훌 털 듯 다 버리고 나왔지만 차마 두 권은 버리지 못했다. 한 권은 작곡가 윤이상 선생, 통영국제음악제와 관련된 수첩이고 다른 하나는 박경리 선생과 관련된 내용을 적은 수첩이기 때문이다.

박경리 선생과 관련 수첩에는 2004년 6월 29일 박경리 선생 특집방송 제작 기획 회의 때부터 시작하여 섭외 과정에서의 여러 에피소드, 7월 17일 오후 2시부터 1시간 40분간의 첫 면담, 2004년 8월 4일~5일 원주 현지 방송 녹화 제작, 9월 3일~4일 이틀간 『토지』 완간 10주년 기념 총 210분, 3부작 특집 '작가 박경리' 방송, 10월 8일 출연에 감사드리러 찾아간 의례 방문과 고향 통영 초청 제안, 2005년 11월 4일~6일 50년 만의 고향 통영 방문, 이 외에도 여러 차례 원주로 찾아가 뵈었던 일들을 비롯하여 2008년 5월 5일 타계하실 때까지 잡다한 것이 기록되어 있다.

  2004년부터 쓴 이 수첩의 첫 페이지에는 연세대 최우창, 정현기 교수, 부산대 김정자 교수, 하동문학회 회장 최영욱, 통영 출신 언론인 김성우 선생 등 도움받아야 하는 분들 연락처가 깨알같이 메모하여 있는 것이 새삼스럽다.

  2026년은 박경리 선생 탄생 100주년, 『토지』 완간 31주년, 선생님 가신 지 18주년이다.
  『토지』 완간 10주년 특집방송 한 지가 20년이 넘어 다시 펼쳐보는 이 수첩은 나를 다시 선생 앞에 세우는 것만 같다. 그런가 하면 메모가 되어 있는, 선생께 들은 한 말씀 한 말씀이 20년의 세월을 넘어 지금 이 순간에도 여전히 정신이 번쩍 들 만큼 생경해 다시금 밑줄을 쳐본다.

  박경리 선생과 관련 특집프로그램 제작에 참여하게 된 것은 2004년 당시 마산MBC 김상균 사장께서 사내 인터넷 게시판에 올린 글이 발단되었다. 당시 김상균 사장은 박경리 선생에 관한 글을 올리면서 선생의 고향이 통영이고 연세가 무척 많으시다는 점을 들면서 마산MBC가 경남 지역 대표 방송으로서 우리는 그분에 대해 무슨 자료가 있는지, 없으면 자료 확보를 서둘러야 하지 않겠느냐고 제안하셨다.

그런 다음 6월 초, 박경리 선생의 모든 것을 마산MBC TV 프로그램에 담아내도록 방안을 모색하라고 엄격하게 압박하였고, 어떤 방법으로건 대박 날 이 콘텐츠 제작을 실현하기 위해 국장 회의에서 전사적으로 대처하도록 다시 지시하면서 편성국장을 팀장으로 하는 프로젝트팀이 꾸려졌다.

그런 뒤 2주간의 시간 동안 다방면으로 노력했지만, 이 프로젝트팀은 박경리 선생께서 극도로 언론 노출을 싫어하셔서 방송 섭외가 현실적으로 불가능하다는 것과 원주에 계시기 때문에 우리 방송권역이 아니라는 이유로 제작 불가능하다고 결론을 내렸다.

그러나 김상균 사장은 박경리 선생의 팔십이 다 된 나이나 건강을 생각할 때 현재가 적기라는 확신하고 있어서 다시 한번 다른 방법을 찾아 좀 더 적극적으로 대처해 보라고 하면서 통영국제음악제를 처음부터 기획했던 내게 실무를 맡으라는 지시를 내렸다.

그러나 정규방송 프로그램 제작은 물론 통영국제음악제와 동요제, 그리고 몇몇 문화사업을 맡고 있어 어렵다는 말씀을 드리자, 모든 일을 다른 직원에게 맡기고, 이 일을 성사해 내라고 당부하는 바람에 자신 없으면서도 거부할 수 없어서 그러겠다고 했다.

그로부터 3주 가까이 나는 참으로 다양한 방식과 별의별 인맥을 동원하여 박경리 선생과 접근을 시도했다. 박경리 선생과 각별한 친분을 가진 통영 출신 언론인 김성우 선생, 통영 출신 부산대 국문과 김정자 교수, 박경리 선생의 집사로 불리던 연세대 국문과 정현기 교수, 사위인 김지하 시인과 딸 김영주 토지문화관 이사장 등등과 수없이 전화 통화를 하여 설득과 떼를 썼다.

그뿐만 아니라 과거 방송사로서는 처음으로 박경리 선생을 취재한 바 있는 MBC 본사의 권문혁 PD(당시 '이제는 말할 수 있다' 담당)와도 의견을 나누었는데 박경리 선생에게 접근하는 데만 6개월이 걸렸고 생명 환경운동 외 작품과 삶에 대해서는 일체 카메라에 담아내지 못했다는 얘기를 듣기도 했다.

이러한 우여곡절 끝에 선생님과의 면담이 성사되었다. 그러나 그 면담이 이루어지기까지도 박경리 선생과 각별한 친분을 가진 진의장 당시 통영시장의 노력이 엄청 컸다. 박경리 선생은 진 시장의 큰누나와 친구 사이였다.

비록 면담 약속은 받아냈지만, 방송 출연 성사 여부는 난감할 수밖에 없었다. 방송 제작을 위해 의논하는 면담이 아니었고 사실은 내게 주어진 일을 벗어나기 위한 구실 쪽에 가까웠기 때문이다.

　그해 7월 17일, 선생을 만나러 가는 내게 김상균 사장은 전장에 나가는 병사에게 이르듯이 방송 출연 섭외를 꼭 성사하고 오라고 격려했지만, 자신이 없었다. 무겁고도 착잡한 마음으로 홀로 원주 토지문화관으로 출발했다.
　창원에서 원주로 가는 길에 비는 억수같이 내렸고 머릿속은 복잡했다. 방송 출연을 안 하겠다고 하셨지만, 혹시나 하는 마음에서 25년간 방송 생활 노하우를 총동원해서 설득하리라 작정하고 며칠간 가변적인 상황을 예상하며 무슨 말로 설득할 것인지 온갖 지혜를 모았지만, 한치도 예단할 수가 없었다.

　그런데 풍기에서 단양으로 넘어가는 죽령 터널을 지나면서 갑자기 앞이 안 보일 정도로 내리던 비가 그치면서 내 복잡하던 머릿속도 날씨처럼 맑아졌다. 그리고 이내 그동안 내가 준비한 모든 것이 부질없다는 걸 깨달았다. 나의 잔머리에서 나온 아이디어에 천하의 대가가 속아 넘어갈 리 없다는 생각이 언뜻 들었기 때문이다.

　원주로 가는 동안 내내 비는 내렸다 그치기를 반복했고 나는 무슨 말로 선생을 설득해야 할지, 이 생각 저 생각 난감한 마음으로 토지문화관에 도착해 선생님을 만났다.

난생처음 마주한 선생님은 머리를 곱게 빗은 단아한 모습이었지만 범상치 않은 기운이 느껴졌다.
 나는 아무 생각 없이 접견실 대리석 바닥에 엎드려 큰절을 올렸다. 전혀 의식하지 못한 행동이었는데 아마 존경심과 감사한 마음의 표현이 아니었나 싶다. 선생도 얼결에 대리석 바닥에 반절로 맞이해 주셨다.

| 박경리 선생 면담 당시 토지문화관에서, 2004.7. |
(MBC경남 자료)

 박경리 선생과의 면담은 오후 2시부터 1시간 40분간 진행되었다. 처음 섭외를 시도할 당시 한쪽 시력이 급격하게 떨어지고 고혈압으로 현대문학 연재하던 '나비야청산가자'도 절필하신 상황이어서 선생님께 건강 상황부터 물었다.

선생은 '건강은 조금 나아졌다. 평소 관리에 소홀했는데, 『토지』 때문인 것 같다. 혈압이 높은 사실은 전구 갈아 끼우다 넘어져 허리 다쳤을 때, 시력은 안경 맞추러 갔을 때 처음 알게 됐는데 황반증이 심해 수술하지 않으면 시력 잃을 수 있다 카더라.'라고 말씀하셨다.

원주가 왜 좋으십니까? 물으니까 '차멀미가 매우 심해서 서울서 2시간 거리에 있는 것도 좋고 가르치고 연구하는 연세대가 있고 토지문화관에서 생산되는 유기농 먹거리가 있는 게 좋다'고 하셨다.

그러고는 질문도 안 드렸는데 한 30여 분 동안 혼자서 통제영과 이순신, 통영갓, 통영 소반 등 고향 통영 얘기를 하셨다.

선생께서 말씀하시는 동안 나는 너무 귀한 말씀이다 싶어 열심히 메모하고 있었는데 갑자기 선생께서 '지금 취재하는 거요?' 하셨다. 나는 '선생님 방송장이는 카메라나 마이크가 없으면 취재가 아닙니다. 처음 보는 제게 하시는 말씀이라면 방송에서도 할 수 있지 않을까? 해서 메모하고 있습니다'라고 했다.

그러고는 다짜고짜 선생님의 말꼬리를 잡고 '그렇게 그리운 고향을 왜 50여 년이나 방문하지 않았습니까?'라고 물었다.

선생은 '앞앞이 말 몬하고' 답답해하시면서 『토지』를 쓰는 동안 나는 딱 두 번 나들이 갔다 왔다. 진주에 형평운동 자료 찾으러 또 한 번 원주 치악산 단풍 좋다 해서 보러. 나도 어울려 노는 거 좋아하는데 친구들 만나고 여행 다녔으면 『토지』를 쓸 수 있었겠느냐'라고 반문하셨다.

그러면서 '형평운동 자료 찾으러 진주에 한 번 다녀오고 난 뒤 한 달 동안 글 못 썼다. 진주에 대한 환상이 깨져서, 통영은 아마 더했을 것이다.'라고 하셨다.

'통영에 대한 그리움은 절절하다. 통영 음식 얼마나 좋으냐? 조개 멸치 하나 사서 먹을 때도 통영 생각한다. 통영 소반 팔러오면 나도 모르게 골목으로 뛰어나가곤 했다'라고도 하셨다.

『토지』의 집필을 위해서 고향과 친구 모든 인연 끊고 사셨다 하시면서 '창작의 자유는 고독을 통해 누릴 수 있다. 작가가 어디 소속될 때는 창조성도 저당 잡힌다. 그래서 자유는 쓸쓸하고 고독한 것이다. 외로워야 자유로운 것이다'라고 하셨다.

언론 노출을 왜 철저히 꺼리시느냐고 질문하니까 '책 홍보는 책 장사하는 것 같아 싫었다. 문학의 상업화가 싫다.

문학은 제조 상품이 아니다.'하시면서'나는 다른 할 말이 많은데 기자들은 제가 궁금한 세속적인 것만 묻고 가기 때문'이라 하셨다.

『토지』 완간 후 서울 MBC 사장, 조선일보 회장, 『토지』를 출간한 나남출판사 사장이 인터뷰 출연 제의를 해왔고 <나비야 청산 가자>를 《현대문학》에 처음 연재할 때도 KBS에서 출연 제의해 왔는데 모두 거절했다고 하시면서 '나는 지금까지 환경문제 외에는 거의 인터뷰하지 않고 서평 서문조차 써준 일 없다.'라고 하셨다.

선생님의 그 말씀 꼬투리를 놓치지 않고 '그 하시고 싶은 말씀 방송을 통해서 하십시오. 고향 방송사에 기회 주십시오'라고 간절한 마음으로 말씀드렸다. 그리고 '고향 통영, 넓게는 경남 전역이 고향 아니겠습니까. 고향 통영과 경남이 지금 어려움을 겪고 있습니다. 이런 때 선생님과 같은 어른이 나서서 꿈과 희망을 주어야 하지 않겠습니까. 고향이 나아가야 할 방향을 선생님께서 제시해 주십시오. 지금이 선생님께서 고향에 빚진 것 갚을 절호의 기회입니다'라고 말씀드렸다.

또 '만약 방송 출연을 허락하시면 선생님 하고 싶은 말씀 맘대로 하시고, 또 방송의 형식과 진행자 등을 선생님께서 원하는 방향으로 할 것이며 30분이 되었건 2시간이 되었건 편성 시간 제약을 두지 않고 절대 선생님의 허락

없이 편집하지도 않겠습니다'라고 말씀을 드렸다.
 그 순간 참 엄격한 모습만 보이던 선생께서 온화한 미소를 지으셨다. 그러면서 '방송에 출연하면 최대한 많은 얘기 하겠다'라고 하셨다.
 선생의 긍정적인 허락에 이어 방송 제작 관련 얘기는 일사천리로 진행됐다.

 그러나 방송 송출 이후 깨달은 바지만 사실 방송 출연 여부, 형식, 오픈 스튜디오 세트, 대담 상대, 대본 구성, 방청자들까지 모두 선생께서 결정해 주신 것이었다.
 프로그램형식에 관해서는 '파리 소르본대학 세미나에 갔을 때 작가와 대등한 위상을 가진 전문가(비평가)가 어느 공원 같은 자연공간에서 대담 형식으로 인생관, 사상, 역사관 등 자유롭게 얘기하는 게 보기 좋더라' 하셔서 대담 방식을 하기로 했다.
 대담 진행 상대에 대해서는 '대한민국에서 단 한 사람 데이트하고 싶은 사람을 꼽는다면 누가 좋겠습니까?' 여쭤보니까 '송호근(서울대 교수)이 통영 출신은 아닌데 통영을 잘 아는 사람이다.'라고 하셔서 그대로 결정하고 '열심히 노력해서 송 교수님을 모시도록 하겠습니다.' 했다.
 내 나름대로 처음 대담 진행자로 김한길 작가나 송유찬 정현기 연세대 교수 또는 언론인 김성우 선생 등을 예정하고 있었는데 선생의 제안으로 쉽게 대담자 진행자를 확정할 수 있었다.

 서울대 송호근 교수는 전공이 사회학인데 왜 박경리 선생이 대담자로 정했는지 궁금했는데 송 교수 모친이 박경리 선생과 친분이 아주 두터운 데다. 본인 역시 박 선생을 좋아해서 신혼여행을 통영으로 갔을 정도였다는 걸 나중에 알았다.

 방송 관련 의논을 끝내면서 선생은 '문학은 내 인생 자체다. 인생에 대한 물음, 진실에 대한 물음은 가도 가도 끝이 없다. 그래서 나도 모르게 그 물음에 매달리는데 '모른다'라는 그 말만 확실한 것이다. 내가 집념은 강하지 않은데 그 물음을 포기할 때 작가도 포기할 것이다. 아직은 포기할 수 없으니까 집요하게 물고 늘어진다.'라는 말씀을 들려주셨다. 첫 만남에서 애연가셨던 선생은 담배를 여섯 개비나 피우셨다.

 선생으로부터 방송 출연 승낙을 받고 이른 시일 안에 제작일정을 잡아 연락드리겠다고 말씀드린 뒤 토지문화관을 나오면서 곧바로 약속 시간이었던 오후 2시부터 애태우며 초조하게 결과를 기다리고 있을 마산MBC 김상균 사장께 전화했다. 박경리 선생께서 방송 출연 허락을 하고 제작일정과 장소를 일임받았다고 보고했다. 오후 4시경이었다.

김 사장은 순간 감격스럽게 '브라보'라는 탄성을 질렀다. 김상균 사장은 내게 고혈압과 시력 저하 등 선생의 건강과 심경 변화를 우려하며 가급적 이른 시일 안에 제작 일정을 잡도록 하고 또 편성국장에게 내게 실무 총괄을 맡기고 제작 스태프 구성을 하도록 지시했다.

 박경리 선생께서 대담 진행자로 송호근 교수를 지목했지만 이마저도 성사되기까지는 쉽지 않았다. 원주를 다녀온 뒤 송호근 교수께 전화를 드려 그간의 경위와 방송 제작에 관해 설명했는데 처음에는 전혀 믿으려 들지 않았다.
 경주에서 열리는 학술 행사에 참석한다는 얘기를 듣고 경주에서 미팅하기로 하고 날을 잡고 만난 뒤에도 송 교수는 믿기지 않는지 바로 출연을 허락하지 않았다. 별도로 박경리 선생과 통화도 하고 특별히 시간을 내 1박 2일 동안 통영 방문 후 나에 관한 정보도 파악하고 서울 가서 다시 며칠 생각한 뒤에야 승낙한다는 연락을 해왔다.

 박경리 선생께서 추천한 서울대 송호근 교수를 대담 사회자로 섭외해 내면서 전체 제작일정과 스태프 구성이 일사천리로 확정되었다. 그런 뒤 곧바로 회사 확대간부회의에서 대담 기획안이 발표됐다.
 녹화제작일은 8월 4일 오후 6시 장소는 원주 토지문화관, 대담 사회자는 송호근 서울대 사회학과 교수, 내가 총괄 기획 진행을, 제작 담당 PD는 대장경 다큐멘터리 제작으로 역량을 크게 인정받은 안관수가 맡았다. 그리고 출연료는 지역방송 수준으로는 파격적인 액수를 드리자고 결정했다.

그런데 또 다른 변수가 생겼다. 우리가 희망하는 일정에 박경리 선생과 송호근 교수가 맞출 수 있을지 확정하는 문제였다. 박경리 선생으로부터는 '몸을 좀 추슬러서 천천히 하자'하셨지만, 혹시나 선생께서 마음이 바뀌실까 봐 최대한 빨리 하자고 졸라서 허락받았는데 송호근 교수는 그때 미국 출장이 잡혀 있었고 항공권까지 예매한 상태였다.

미국 출장이 보름 정도여서 그 이후에는 어떤 변수가 생길지 예측할 수 없는 상황이고 보니 난감하기 짝이 없었다. 그래서 송 교수께 간곡히 부탁드려 출국 일정을 녹화 이후로 조정하기로 했다.

제작일정과 스태프가 결정되면서 송 교수와 제작 관련 대본과 제작 형식에 대한 작전도 급속도로 진행됐다. 선생께서 우선 처음 보는 내 앞에서 2~30분간 쉼 없이 얘기하실 정도의 능변인 점을 고려해 방송 대본을 사전에 보여주지 않기로 했다.

그리고 작품과 개인사적 삶에 대한 언급을 극도로 조심

하는 선생의 평소 소신을 고려해 최대한 선생의 삶과 예술정신 그리고 철학을 담아내려 스태프들은 송 교수와 고도의 작전을 세웠다. 그리고 선생의 뜻에 따라 방송 분량도 정하지 않고 사회자에게 맡기기로 하고 대략의 주제는 '생명과 고향'으로 하기로 했다. 그 무렵 토지문화관 권오범 사무국장으로부터는 박경리 선생께서 대담 녹화날짜가 잡은 다음 일주일 전부터 모든 일정을 취소하고 '우황청심환을 드시면서 몸을 추스른다'라고 안부를 전해왔다. 뭔지 교감하는 느낌이 들었다.

  방송 제작은 2주 뒤인 8월 3일과 4일 이틀간 토지문화관에서 진행됐는데, 3일은 선생님의 일상에 대한 상상력을 더하기 위해 스틸카메라에 담고 둘째 날은 토지문화관 야외 잔디밭에 세트를 설치하고 녹화했다. 녹화 장소에는 박경리 선생님의 방송 제작 소문을 듣고 참석하고 싶어 하는 통영의 문화예술인들을 버스 한 대 정도의 인원으로 제한 모집하여 방석을 배치한 객석에 앉혀 자연스럽게 분위기 조성을 했다.
  우리나라 현존 최고의 문인으로 손꼽히는 『토지』의 작가 박경리 선생은 난생처음으로 출연한 이 방송대담을 통해 자기 삶과 문학관 생명 사상 등에 관해 총체적으로 허심탄회하게 털어놓으셨다.

| 특집 대담 녹화 현장 2004.8.4. | (MBC경남 자료)

애초의 제작 목표는 한 시간 편성 분량이었다. 그러나

녹화 시간은 무려 네 시간 반이나 걸렸다. 사전에 계획된 송호근 교수의 끈질기고도 교묘한 질문에 박경리 선생은 그 오랜 시간 품어왔던 선생의 다양한 삶의 철학과 문학관 등의 속마음을 털어놓으셨다.

  녹화 제작을 마치고 선생님은 거의 기진한 모습으로 숙소에 드셨다. 최대한 한 시간 정도 분량은 되어야 한다는 목표로 마음 졸이며 지켜보던 제작진들이었는데 박경리 선생께서 오히려 쉬었다가 하자면서 계속 말씀을 이어가 결국 자정 가까이서야 겨우 녹화를 끝냈다.

  '창사 35주년 기념 『토지』 완간 10주년 특별 대담 – 작가 박경리'라는 거창한 이름의 이 3부작은 9월 3일과 4일 연달아 경남 지역에 방영됐다.

  3일에는 1부 '통영, 박경리 문학의 은근한 지렛대'와 2부 '지성의 빛, 인간 박경리'편이 한 시간 20분 동안 방송됐고, 4일에는 3부 '『토지』의 작가 박경리'편으로 70분 동안 방송됐다. 이 세 시간 반짜리 대담은 원주에서 4시간 반 동안 녹화해 온 대담을 짜임새 있게 압축한 프로그램이었다. 대담 첫머리부터 우리 국악 선율이 흐르면서 해설자가 등장하고 다시 권영민, 강만길 교수 같은 분들의 인터뷰 내용이 초반부터 대담의 무게를 더없이 올려주었다.

| 특집 대담 녹화 현장 2004.8.4. | (MBC경남 자료)

 그리고 사회자 송호근 교수는 정말 사회학자인지 문학자인지 알 수 없을 정도로 박경리 선생의 작품세계와 등장인물에 대해 거의 완벽한 이해를 바탕으로 아주 짧고 예리한 질문들을 편안하게 던지며 선생의 대답을 끌어냈다.

 총 3부작으로 만든 대담 방송은 김상균 사장과 모든 스태프의 예상을 크게 뛰어넘는 대박을 터트렸다. 방송 후 전국에서 프로그램 녹화 DVD 구매 문의가 들어오고 본사에서 독촉해 와서 로컬 방송 이후 서둘러 전국 방송을 했다. 그런가 하면 이 프로그램은 이듬해 영어로 번역하여 아리랑 TV 등을 통해 위성으로도 방송되었으며 딱딱한 형식인 대담 프로그램으로는 드물게 2004년, 2005년 방송 관련 큰상들을 수상했다.

방송이 나간 뒤 전국적으로 다양한 분들로부터 수고했다는 전화를 많이 받긴 했지만, 박경리 선생을 따르는 몇몇 분들로부터는 '쓸데없는 짓을 했다'라는 항의성 전화도 나는 받았다. 방송으로 노출하지 않았으면 신비감 때문에 박경리 선생에 대한 위대함과 가치가 더 높았으리라는 것이 이유였다.

방송 직후 선생께 출연료와 함께 감사의 인사를 드리러 원주로 찾아갔다. '작가에게 있어서 원고료는 자존심'이라 하신 선생님의 말씀과 김상균 사장께서 최대한 예의를 갖추고 배려하라는 지시에 따라 선생님의 출연료는 한국방송 사상 대담 프로그램 중 역대 최고 출연료로 책정했다. 3개의 지상파 방송사에서 그 당시까지 대담 방송 최고 출연료 지급 사례로는 미국의 헨리 키신저였는데 이보다 꼭 1만 원을 더 보태었다.

| TV 녹화 중 박경리 선생, 송호근 교수, 김영주 이사장, 필자와 안관수 PD 2004.8. | (MBC경남 자료)

2. 박경리 선생의 고향 통영 방문 동행기

특집 대담 방송이 나간 뒤 그해 10월 8일, 방송 출연에 대한 감사의 인사차 김상균 마산MBC 사장을 수행해서 통영산 수산물인 멸치, 해삼 내장, 젓갈, 전복 등을 사서 원주 토지문화관을 찾아갔다.

선생은 단아하고 밝은 어머니의 모습으로 우리 일행을 맞이해 주셨다. 그 자리에서 선생님은 마산MBC의 프로그램 제작과 방송에 매우 흡족해하셨고 전국 각지에서 방송과 관련하여 전화를 많이 받았다고 하셨다.

그리고 선생님께서 근간에 발행되었던 『생명의 아픔』이란 수상 집 발간을 시작으로 생명의 중요성에 대해서, 또 우리나라의 전통적 '한'에 대해서도 다양한 사례를 들어가며 말씀해 주셨다.

선생께서 이례적으로 환대해 주신 것은, 프로그램의 제작에서 방송에 이르기까지 모든 과정에서 만족한 결과였다.

그날 박경리 선생과 긴 데이트 끝에 김상균 사장께서 선생님께 정중히 고향 통영 방문을 제안했고 MBC에서 잘 모시겠다고 했더니 웃으시며 직답을 피했다. 그러나 부인하지 않으신 걸로 봐서 어쩌면 가능하겠다는 느낌을 받았다. 그때까지 선생은 당신의 고향 통영에 근 50여 년 동안 한 번도 가신 적이 없었다.

　박경리 선생께 인사를 드린 뒤 저녁 식사를 원주MBC 사장, 보직 간부와 함께했다.
　박경리 선생 방송 출연 관련 사항을 철저히 비밀로 하여 추진한 것과 원주MBC 방송권역에 마산MBC가 침범한 데 대한 사례 차원이었는데 원주 MBC 사장은 자기네가 수 없는 노력 끝에도 해내지 못한 일을 마산MBC가 해낸 데 대해 많이 부러워했다.
　그런 몇 달 뒤 박경리 선생께 들은 바로는, 사장이 찾아와서 원주MBC에도 기회를 달라고 하소연해서 인터뷰에 응했다고 했다.

　그날 원주를 다녀온 뒤 김상균 사장은 당신이 마산MBC 재임 시 선생님의 통영 방문을 추진하려 명절 때를 비롯해 토지문화관과 자주 소통하고 있는 나를 통해 고향 방문 성사를 위해 많이 노력했다. 하지만 고령에다 건강이 좋지 못한 분을 겨울에 모실 수가 없어 봄이 오길 기다렸는데 봄에는 선생의 건강이 문제가 생겨서, 그리고 여름은 더위 때문에 결국 박경리 선생의 고향 통영 방문은 2005년 11월 4일에야 이루어졌다.

10월 25일에 추석 인사차 원주로 내가 출장을 간 자리에서 선생님께 미루어 온 고향 통영 방문을 제안했는데 선생께서 '안 그래도 진의장 시장도 전화로 통영에 오라 하더라' 하셔서 '선생님, 마음 내신 김에 날을 잡으시죠' 하고 말씀드렸더니 몸 잘 다스려 11월 4일부터 3일간 일정으로 방문하겠다고 하셨다.

  나는 곧바로 김상균 사장과 진의장 통영시장께 보고드렸다. 그리고 곧바로 진 시장의 지시에 따라 김상영 문화예술과장과 공조하여 선생님 고향 방문의 체류 일정과 동선 구축에 착수했다.

  그런가 하면 김상균 마산MBC 사장은 이 박경리 선생 고향 방문 프로젝트도 내가 종합 기획을 맡도록 지시를 내렸다.

  그리고 통영시장이 승합차를 보내 선생을 모시기로 했다고 전하자, 우리가 차를 제공하겠다고 다시 의논하라고 시켰다. 그래서 그때 선생님의 차멀미를 핑계로 연예인들 타고 다니는 스타크래프트라는 9인승 고급 밴을 빌려 모시겠다고 통영시에 전달하고 나와 함께 안관수 PD, 카메라 감독이 차를 타고 방문 전날 원주로 갔다.

  당시 선생의 고향 방문 소식에 전국의 모든 언론사가 취재를 희망하였지만, 선생은 마산MBC에만 유일하게 전 일정 동행 취재를 허락하셨다.

  선생의 고향 방문 전체 일정을 마산MBC와 통영시가 비밀리에 협의하여 결정한 배경에는 마산MBC 나름대로 또 다른 특집 다큐멘터리를 계산하고 있었기 때문이었다. 그래서 동행취재가 가능한 승합차로 모시기로 하고 주로 인기 연예인들이 타고 다니는 그 차량을 마산MBC 예산으로 빌리도록 한 것이다. 그리고 그 작전은 잘 들어맞았다.

  박경리 선생께서 귀찮아하셨지만, 마이크를 착용시키고 카메라로 촬영을 강행하여 선생의 고향 방문 모든 일정 동안 마산MBC는 단독으로 영상을 기록하는 쾌거를 이루었다.

  그러나 선생의 고향 방문 동행 다큐 방송은 성사되지 못했다. 아침 일찍 고향 방문을 준비하는 선생의 모습과 기대감, 그리고 차로 이동하는 가운데 말씀하시는 소감, 통영 입구에서 50년 만에 마주하는 느낌 등등을 엮어 대담 방송 이상의 감동을 만들어 줄 프로그램 제작을 준비하고 또 선생께 허락까지 받았는데, 원래 통영에서 선생을 기다리기로 한 계획과 달리 통영시장께서 늦은 밤에도 불구하고 하루 전에 원주로 오신 것이다.

  그러고는 선생과 아침 식사는 물론 토지문화관을 나설 때부터 시작해서 선생과 한자리에 나란히 앉아 계속 말씀을 나누는가 하면 잠시도 홀로 계시는 틈을 주지 않는 바람에 선생의 느낌이나 소감을 카메라에 담을 수가 없었다. 그래서 제작 스태프들과 의논한 끝에 동행 취재 방송은 포기하기로 하고 통영시민문화회관에서 있을 '통영 시민과의 만남 특별 생방송'에 집중하기로 했다.

  2005년 11월 4일 아침 9시에 토지문화관에서 출발한 차량은 평소 차멀미가 심한 선생의 컨디션을 살펴 최저속도로 이동하여 점심은 현풍의 할매곰탕집에서 하고 오후 4시경 충무 관광호텔에 도착했다.

  호텔 앞 잔디광장에는 전국의 수많은 언론사 기자와 시민 대표, 공무원들로 북새통을 이루었다. 선생은 간단한 소감 한마디 하고는 기자들의 질문에 일절 대꾸하지 않고 다음 날 제승당에서 얘기하자며 피로를 이유로 숙소로 들어가셨고, 저녁 만찬은 충무 관광호텔에서 통영시장 주재로 오광대 등 작은 공연과 함께 이루어졌다.

  통영에 도착한 다음 날인 11월 5일 오전에는 통영시가 주관하는 박경리 선생 환영식이 시민문화회관에서 있었다. 통영시와 마산MBC가 머리를 맞대고 짜낸 아이디어였다. 김상균 사장은 이 행사를 생방송으로 지역에 중계하도록 내게 지시를 내렸다. 박경리 선생의 모든 고향 방문 일정을 독점하기 위한 전략이었다.

  11월 5일 아침은 선생께서 어릴 적 추억이 많이 서려 있을 뿐만 아니라 『시장과 전장』『김약국의 딸들』의 주 무대였던 서호시장의 호동식당에서 하였다.

| 통영 방문 당시 선생의 모습, 2005.11. | (MBC경남 자료)

 그리고 곧바로 통영의 중앙시장을 거쳐 행사장소인 통영시민문화회관으로 이동했다. 김상균 사장의 지시와 나의 기획으로 '통영 시민들과의 만남'이라는 이벤트를 수행하기 위해서였다.
 마산MBC는 선생과 일천여 명 통영 시민들이 공개적으로

만나는 이 실황을 TV로 생중계하였다.

  이때 나는 선생님을 품격있게 모시면서 촬영이 쉽도록 대형 현수막으로 백 세트를 만들고 고급 의자를 빌려 무대 가운데에 배치하였다. 그러나 선생님은 고향 분들한테 예의가 아니라며 끝내 마련한 의자에 앉지 않으시고 사회자석에서 한 시간가량을 서서 강연하셨다. 선생님의 고향 사랑의 한 단면을 보는 듯했다.

| 강연장인 시민문화회관 내부, 2005.11. | (MBC경남 자료)

| 강연 때 선생의 모습, 2005.11. | (MBC경남 자료)

그런데 이 행사 후 미리 계획됐던 제승당 방문을 선생께서 돌연 취소해 버렸다. 너무 피곤하다고 선생께서 말씀하셔서 어쩔 수 없는 상황이었다.

선생 일행은 연명에 있는 사업가 한 분의 별장으로 가서 해물 요리로 식사하시고 오후 일정을 편하게 가지셨다.
그러나 전국의 전 언론사 기자들의 항의를 받느라 통영시청은 난리가 났다. 멀리 서울에서 부산, 광주 등에서 취재하러 왔던 기자들은 한 컷도 찍지 못하고 철수해야 했다. 일부는 이번 일정을 공동 추진한 마산MBC의 횡포라고 항의하기도 했다.

5일 저녁 만찬은 미수동 해원횟집에서 선생님 모녀와 통영시장, 의회 의장, 김성우 선생, 마산MBC 김상균 사장과 내가 함께 했는데 중간에 이수성 전 총리께서 선생의 고향 방문 소식을 듣고 참석하여 함께했다. 박 선생이 통영에 오셨다는 말씀을 듣고 예정에 없이 방문하신 것이었다.
선생은 이 자리에서 여러 사람 앞에 국내 많은 언론사 가운데 마산MBC가 최고라고 칭찬하셨고, 박경리 선생의 특집 대담과 고향 방문 프로젝트를 담당했던 나를 '품격이 있는 사람'이라고 추켜세워 주셨다. 그런가 하면 '이번에 마산MBC 땡잡았다. 나 죽으면 원 없이 쓸 거 아이가' 하셨다.

결국 제승당 방문은 선생께서 원주로 떠나는 마지막 날 서호시장 호동식당에서 아침 식사를 한 이후 오전에 이루어졌다. 모든 취재진이 철수한 뒤라 자연히 마산MBC 단독 취재로 이루어졌다.

통영시장이 일본 출장 중이라 부시장이 영접했는데, 가시기 전에 충무공 기념 사업을 위해 써달라며 통영시에 1천만 원을 기탁하셨고, 나와 동행한 방송 스태프들을 일일이 안아주시며 덕담해 주신 뒤, 점심으로 드시라고 통영시에서 준비한 충무김밥을 가지고 원주로 돌아가셨다.

3. 박경리 선생을 이해하기 위한 3가지 키워드

박경리 선생을 두고 문단이나 언론에서 선생을 이해하기 위한 학문적 방법으로는 체계적이고도 다양한 평가가 있지만 일반적으로 세간에 많이 알려진 키워드는 선생께서 아끼셨던 일상의 3가지 보물, 즉 '소목장'과 '재봉틀', 그리고 '국어사전'이다.

어머니로부터 물려받은 '소목장'은 전통을 기반으로 하는 선생의 철학과 사상, 가치관과 폭넓은 지식을 비롯한 학문적 영역을 상징하고, '재봉틀'은 어려운 시절 생계를 이어오게 했을 뿐만 아니라 박음질처럼 억척스럽고도 반듯했던 경제적인 영역의 삶을, 평생을 함께해온 손때 묻은 '국어사전'은 폭넓은 지식과 작가정신, 작품세계를 상징하는 도구로 알려져 있다.

그러나 나는 방송 제작자로서 제작 과정과 그 뒤 박경리 선생께서 몇 차례 통영 고향 방문 때 동행하거나 원주로 찾아가 뵈면서 4년가량 가까이 들은 선생님께서 자주 쓰시던 언어 습관을 통해 선생님을 이해하는 방법을 택하고자 한다.

그 3가지 키워드는 내가 자주 들었던 선생님의 말씀 중 '씌인 듯이', '앞앞이 말몬하고', '땡잡았제'이다.

'씌인 듯이'라는 말 속에서 나는 선생의 천재성과 문학적 숙명, 그리고 지식과 예지력, 세계관을 읽었다. 그리고 '앞앞이 말몬하고'를 통해서는 작가정신과 자존심, 그리고 삶의 철학을 읽었으며, '땡잡았제'를 통해서는 다정다감하셨던 일상의 모습을 읽었다.

첫 번째 '씌인 듯이'는 '홀린 듯이'가 아니고 '운명적으로'가 뜻에 맞는 풀이 같다. 선생의 천재성은 문학사적으로 기념비적인 작품 창작과 삶에서의 혜안, 세상을 보는 폭넓은 안목, 다양한 지식 등을 포함할 수 있을 것이다.

선생께 『토지』를 쓰게 된 발상과 하동 악양면 평사리를 배경지로 설정한 내력을 여쭈었더니 '육이오 전쟁 중 거제의 외가댁에 가면서 본 풍광으로부터 구상이 시작되었는데, 전쟁 중에 희생된 사람들로 상징되는 죽음의 빛깔과 함께 들판에 무르익어 넘실거리는 곡식으로부터 느껴지는 삶의 색깔이 너무나 대조적이어서 황색과 흑색의 이미지를 바탕으로 근대사를 수용하려 했다'라고 하셨다.

하동 악양면 평사리를 배경지로 설정한 것은 정말 우연이었다고 하셨다. 무남독녀인 자녀(김영주, 김지하 시인의 부인)가 동양미술사를 전공하고 있어, 전국에 있는 사찰의

불교미술 작품을 찾아다니는 길에 동행하였는데, 원래부터 차멀미가 심했던 터라 섬진강 변에 차를 세우고 잠시 쉬면서 바라본 평사리가 참 특이한 지형 속에 있음을 알게 되었고, 집에 돌아와서도 계속 뇌리에 남아 배경지로 삼게 되었다고 하셨다.

『토지』에 등장하는 수많은 등장인물의 캐릭터 설정에 관한 질문에는 구체적 답변 없이 '씌인 듯이' 써졌다고 하시면서 '솔직히 길상이 역에 대해서만은 내가 좀 욕심을 부리는 바람에 기대치에 미치지 못했다'라고 하셨다.

『토지』의 집필을 끝내고 중국과 한국의 작품 배경지를 방문했던 소감을 말씀하셨는데, 중국 하얼빈과 용정은 거의 소설 속의 묘사와 신기할 만치 비슷해서 스스로 놀랐는데, 하동과 악양은 약간 다르더라고 하셨다. 어떻게 그런 상상을 하셨느냐고 여쭈었더니 '씌인 듯이'라고 하셨다.

선생의 천재성은 할 말 안 할 말 고민하지 않고, 가식이나 거침없이 하시는 말씀에서도 느낄 수 있었다.
선생은 '강의 요청 들어오면 준비들 많이 안 하고 간다. 좀 더 충실히 준비해서 가야 한다 생각 들어 준비해 가면 마음에서 우러나는 얘기가 안 된다. 말을 해나가는 과정에서 내 사상이 정리될 때가 많다.' 하셨다. 방송대본을 완전히 숨기고 제작에 들어가는 계기도 이 때문이었다.
 이 외에도 선생의 위대성을 확인할 수 있는 어록 몇 가지를 다음과 같이 소개한다.

 "민족주의는 숭고하지만, 작가는 민족주의나 종교 등 모든 면을 극복하고 초월해야 한다. 인류적 차원에서 보편적인 가치를 추구해야 한다."
 "생명은 존귀하고 우주의 질서만큼 완벽하다. 자연을 배우고 순응해야 한다. 무한경쟁은 우주 질서에 반역이요 인간 자멸의 길이다."
 "서양식 무한경쟁은 마지막까지 싸우다가 하나만 남는 것이다. 하나는 짝을 이룰 수 없어 멸망한다. 물질이 영혼을 다스리거나 구원해 줄 수 없으므로 전쟁은 결국 몰락이 필연적이다."

 정말 한 말씀 한 말씀이 압축파일 같은 대가의 명언이다.

 두 번째 키워드는 '앞앞이 말몬하고'이다. 선생은 당신의 의지와 관계없이 밖에서 오해하고 있는 얘기에 관해서는 늘 '앞앞이 말몬하고'라는 말로 탄식을 하셨다.
 『토지』를 집필하셨던 26년의 세월은 철저히 고독과의 싸움이었을 것이다. 선생은 그 고통스러운 현실을 이겨내신 의지를 이렇게 설명하셨다.

"창작의 자유는 고독을 통해 누릴 수 있다. 작가가 어디 소속될 때는 창조성도 저당 잡힌다. 그래서 자유는 쓸쓸하고 고독한 것이다. 외로워야 자유로운 것이다."

박경리 선생은 작가로서 자존심은 특히 남다르셨다. 선생은 노벨상 후보로 거론되는 것도 못마땅해하셨다.
 선생님을 뵈러 원주로 찾아갔던 한날 '노벨상 후보로 한국에서 가장 유력한 분이 누구냐?' 하는 모 언론사 설문조사에서 박경리 선생께서 1위를 한 것을 두고 기분 좋아하실 것 같아 내가 그 소감을 물었는데,
 "작가의 입장에서는 모국어로 글을 쓰면 그것으로 끝이다. 내가 읽지 못하는 외국어로 번역되는 게 미심쩍고 불안하고 자존심 상하는 일이다." 하셨다.

선생은 영어 중국어 불어 등 『토지』가 외국어로 번역되는 과정에서 뜻이 제대로 표현되지 못하는 걸 안타까워하신 것으로 알려져 있다.
 프랑스 파리 소르본대학에서 개최한 학술 세미나에 초대받아 갔다가 프랑스어로 번역한 『토지』에서 지고지순한 이미지의 '별당 아씨'가 버림받은 '소공녀' 같은 이미지로 묘사된 데 대해 불만이 컸다고 하셨다. 『토지』의 일본어 번역을 하다 건강 때문에 중단한 것도 그 때문이라 하셨다.

선생의 우리글 우리말에 대한 사랑과 자부심 대단했다. '우리나라 말은 세계 어느 나라 말과 글이든 다 발음되는 구조를 가지고 있다. 한글은 세계에서 가장 완벽한 문자다. 우리만이 잘 인정하지 않는 게 불행이다. 세종대왕의 위대한 업적이 오늘날까지 우리 민족을 먹여 살리고 있다.'라고 평가하셨다.

선생의 작가로서 자존심과 시대적 역할에 관해서는 많이 알려진 바이지만 내게 하신 말씀 중에도 명확하게 드러났다.

선생은 도리에 어긋나거나 부자연스러운 일에는 무서울 만큼 단호하고 절대 타협 없는 성품을 지니신 분이셨다.

"민주화 운동을 한 사람들은 민족을 위해 희생을 감수한 사람들이다. 정권의 기득권자들은 과거의 경력으로 영화를 누리려 들어서는 안 된다. 권력을 누리려고 과거에 민주화 운동을 했던 것인가? 국가 발전을 위해 진정한 자기희생이 필요하다. 자기를 생색내기 해서는 안 된다."

선생의 현시대를 보는 안목과 세계관을 엿볼 수 있는 이런 의미 깊은 말씀도 자주 하셨다.

"잠이 안 올 때면 자주 생각하는 것이 우리나라의 운명, 지구의 운명이 참 한심해요. 그중 지식인들이 큰 문제라고 생각해요. 물과 불의 관계, 영혼과 물질의 중간에 있는 것이 물과 불이에요. 보수와 혁신은 물과 불의 관계지만 한 쪽만 강해서는 안 돼요. 물은 불을 끌 수 있지만 불은 물을 말릴 수 있지요. 불이 있어야 물을 끓여 음식을 만들 수 있어요. 물질은 피동적이지만 물은 지구 안에서 밖에서 끊임없이 순환되지요. 불은 천태만상으로 변화하는 데 능동적이지도 피동적이지도 않은 것이지요.

 물과 불이 우리를 총괄하는 서로 모순의 논리이자 상극이지만 상생할 수 있기도 해요. 물질은 우리를 구원해 줄 수 없어요. 온난화만 봐도 그렇잖아요. 나는 신을 확신하지 않지만, 개벽론이 어느 정도 근거가 있다고 봐요. 인간이 물질을 통해 우주와 천지를 변화시킬 수 있다는 것 말도 안 되는 거지요."

 "모두 나는 그런 거 안 보고 세상에 나와 살려고 하지만 그릇된 지식인들 때문에 걱정이에요. 생명들은 개발을 안 해도 환경을 스스로 만들어가요. 돌밭의 잡초들 보세요. 제목 썩혀 흙을 만들어요. 난초 같은 연한 것들이 바위를 부숴서 흙 만들어 그들만의 영토를 만드는 걸 보면 경이롭지요."

 "지식인들의 부패는 스스로 자각 없이는 근절되기 어려워요. 정치인들은 지식인들 이용해 나쁜 짓 하고 지식인들은 정치인들에게 조금 얻어먹고 그들이 살 수 있도록 물을 대주지요. 좋은 요리도 만들지만, 사람을 죽일 수 있다는 걸 지식인들이 받아들여야 해요."

이런 말씀을 하셨다.
그러면서 선생은 작가로서의 의지를 이런 말씀으로 갈음하셨다.

"인생에 대한 물음, 진실에 대한 물음은 가도 가도 끝이 없다. 그래서 나도 모르게 그 물음에 매달리는데 '모른다'라는 그 말만 확실한 것이다. 나는 집념이 강하지 못한데 그 물음을 포기할 때 작가도 포기할 것이다. 아직은 포기할 수 없으니까 집요하게 물고 늘어진다."

세 번째 키워드는 '땡잡았제'이다. 특집방송을 위해 총녹화한 시간은 3시간 45분이었다. 중간에 한 번 쉴 시간까지 합하면 4시간을 훌쩍 넘겨 저녁 6시 30분경부터 시작된 녹화가 11시가 훌쩍 넘겨서 끝났고 선생은 거의 기진한 듯한 몸으로 숙소에 드셨다.

다음 날 아침, 식사하고 감사의 인사를 드린 뒤 토지문화관을 나서려는데 선생께서 나의 등을 툭 치시며, '순하게 생겨 여리게 봤는데 참 지독하네. 근데 땡잡았제.' 하셨다.
전날 저녁 문학과 철학, 온 세상이 나아갈 길에 대해 일갈하시던 대 작가의 뜻하지 않은 표현에 놀랐고, 웃음을 애써 참으며 나는 '예 선생님 땡잡은 것 같습니다.' 했다.

방송은 결국 선생님 예상대로 땡잡아 대박이 났다. 지역 방송 후 전국 방송, 아리랑TV 통해 세계에 방송, 대담프로 역사상 그해 받을 수 있는 상 모두 휩쓸었다.
 이 '땡잡았제'는 2004년 11월 통영 방문 때 몇몇 인사들과 식사하는 자리에서 마산MBC 사장에게도 하셨다. "MBC는 이번에 땡잡았지요?"

 선생님은 베이징대학 방문하기 위해 중국 한번, 프랑스 파리 소르본대학 『토지』 세미나 때 한번 해서 그때까지 두 번 비행기 타봤다고 하셨다. '제주도 못 가보고 중국 베이징대학 갈 때, 비행기 처음 타봤다. 하늘을 나는 기분이 어떨까 기대 많이 했는데 버스 탄 거랑 같더라.'라고 하셨다.

 박경리 선생은 사소한 데서도 감동하는 그런 감성을 지니신 분이셨다. 『토지』를 집필하실 때 거주하시던 원주시 단구동에서 토지문화관으로 이사하게 되는 과정에서 토지공사 시장과의 일담도 유명하다.
 도시 개발과 도로 건설 때문에 단구동에서 이주해야만 했는데 선생은 주택의 수용을 완강히 거부했다. 작가에게 있어서 주거환경의 변화는 심경의 변화를 일으켜 『토지』 같은 대작은 계속 집필해 나가기가 어렵기 때문이었다.
 그러나 관계기관에서는 집을 허물지 않으나 소음과 공해로 작업을 할 수 없다고 여러모로 이해를 구했지만 끝내 거부하자 도시개발공사 사장이 직접 박경리 선생을 찾아와서 설득했다.

"그때 이 양반이 그러는 거야. 선생님이나 우리나 다 토지 가지고 먹고사는 데 좀 협조해 주시죠, 하는 거라 그래서 내가 예끼 여보시오 내 토지는 부당이득을 취하지 않는데 당신들은 토지를 싼값에 사들여 개발을 빌미로 부당이득을 취하기 때문에 내 토지랑 다르다 이랬더니 글쎄, 이 양반이 그러면 저희도 이제 개발을 빌미로 부당이익을 취하지 않도록 사명을 토지개발공사에서 토지공사로 바꾸겠습니다, 하는 거라 그러고는 돌아가서 진짜로 사명을 바꾸는 걸 보고 진정성이 보여서 이주하기로 했지." 하셨다.
그리고 "이주 보상으로 토지문화관이 건립되었지만, 문학상을 만들어주겠다고 하길래 단호하게 거절했다. 문화관은 개인소유가 안 돼서 이사장도 억지로 맡았다." 하셨다.

박경리 선생은 애연가로서 담배 사랑이 대단했음은 세간에 많이 알려져 있다. 나와 처음 만났을 때도 줄담배를 피우시기도 했지만, 특히 선생께서 돌아가시기 전 폐암으로 병원에 입원하신 뒤 본격적인 치료에 들어가기 전 마지막으로 병실에서 담배 한 대 피우신 일로도 유명하다.

추석 전 한날 인사차 원주를 방문했을 땐데 선생께서 여느 때와 달리 매우 밝은 표정을 짓고 깨셔서 '선생님 오늘 기분 좋으신 일이 있으신가요?' 했더니 '그래요, 오늘은 둘째 손자가 온다고 해서 기다리고 있지' 하셨다.

왜 하필 둘째 손자가 좋으냐고 물었더니 '둘째 손자가 담배를 피우거든, 둘이서 저그 엄마 몰래 맞담배 피우는 게 너무 좋아. 저그 엄마가 알면 야단날 일이지만.' 하시면서 천진난만하게 웃으셨다.

선생의 패션 감각은 남다르셨다. 선생의 손재주는 많이 알려졌지만, 색감과 디자인이 예사롭지 않음을 자주 느꼈다. 방송 출연 당시 입으셨던 의상도 직접 지으신 옷이라고 하셨다. 선생의 학창 시절이나 문단 활동 때 찍은 사진에서도 표정이나 자세에서 일종의 스타 의식이 느껴졌다.

4. 박경리 선생에 대한 몇 가지 오해와 진실

박경리 선생은 통영을 무시했다?

박경리 선생께서 50년이 가깝도록 통영을 방문하지 않은 것을 두고 고향에서는 억척이 난무했다.

6·25전쟁 기간 남편 사별 이후 통영에 사실 때 총각 선생과의 교제설이나 뭐가 켕기는 게 있으니까 오고 싶어도 못 오는 게 아니냐 하는 등 별의별 '카더라'라는 밑도 끝도 없는 악성 추측을 하면서 선생님을 잘 아는체하는 사람들이 많았다. 그래서 박경리 선생께 직접 왜 그동안 고향을 다녀가시지 않으셨느냐고 물었다.

『토지』를 집필하는 동안 제대로는 나는 딱 두 번 외출했다. 한번은 치악산 단풍 보러 딸과 같이 다녀오고 한번은 형평운동 자료 찾으러 진주에 한 번 다녀왔다. 진주를 다녀오고 난 뒤 한 달 동안 글 못 썼다. 진주에 대한 환상이 깨져서. 통영은 더할 것 같았다. 나는 『토지』의 집필을 위해서 고향과 친구 모든 인연 끊고 살았다.'라고 하셨다.

"원주 사람들이 중요한 행사 때 나와서 축사 좀 해달라고 자주 요청이 왔지만 나는 한 번도 나가지 않았다. 많은 억척과 비난을 했지만 참았다.『토지』를 끝내고 나서 한 번 도지사가 찾아와서 간곡히 부탁하길래 나가서 마이크 잡고 말했다. 나도 여러분들과 너무 어울리고 싶었다. 함께 어울려 술 마시고 얘기하고 놀았다면『토지』를 쓸 수 있었겠느냐고. 그랬더니 모두 박수를 치더라고."

박경리 선생의 고향 통영사랑은 정말 남달랐다는 것이 문단이나 세간에 많이 알려져 있다.

내가 선생께 고향 방문을 권하며 고향에 가고 싶지 않으시냐고 물었을 때 선생은 '통영에 대한 그리움은 절절하다. 통영 음식 얼마나 좋으냐? 조개 멸치 하나 사 먹을 때도 통영 생각한다. 전에 서울 살 때 통영 소반 팔러오면 나도 모르게 골목으로 뛰어나가곤 했다'라고 하셨다.

"통영보다 '토영'하면 더 정겹게 느껴진다. 한문으로는 그렇더라도 '토영'으로 불러도 하나도 이상해할 것 없다. '충무'로 이름 바뀔 때 나는 많이 반대했다."라고 선생은 말씀하셨다.

선생님의 통영갓에 대한 사랑이 유별났다.
"내가 가장 자랑스럽게 생각하는 것 두 가지 꼽으라면 '우리 글'과 '통영갓'이다. 전 세계 모든 종족의 머리를 장식하는 장신구들이 얼마나 많은가? 갓이 최고다. 절제되면서 소박하면서도 격조 있는 남자들의 장신구가 갓이다. 말총으로 만든 것, 눈썹 주위를 가리는 듯 마는 듯, 반투명한 그 미학적 가치, 호박을 도포 자락에 매달아 흰빛 단색으로도 충분히 아름다움을 연출해 내는 그 멋은 정말 아름답다. 제대로 복원했으면 좋겠다."라고 하셨다.

 박경리 선생께서 통영시문화상 수상을 거부한 일례도 경남 지역에서는 당시 크게 화제가 되었는데, 그때 통영인들은 '작은 상이라고 무시하느냐, 고향 통영에 대한 애정이 없는 게 아닌가'하는 얘기들이 많이 떠돌았다.
 거기에 대해 박경리 선생은 '고향에서 주는 너무나 귀한 상이 아니냐, 그런데 내가 고향 통영을 위해 한 일이 아무것도 없는데 어떻게 그 귀한 상은 받겠는가, 주제넘게. 그래서 못 받겠다고 했지.'라고 하셨다.
 통영시문화상은 한참 뒤 여러 사람이 원주를 방문해서 설득한 끝에 결국 수락하셨고 상금은 공익을 위한 성금으로 기탁한 것으로 알려져 있다.

 박경리 선생은 고향 앞에서 늘 겸손하셨다. 50년 만의 통영 방문 때 마산MBC가 기획한 TV 생중계 방송 '박경리-통영 시민과의 만남'에서 특별히 마련된 자리에 앉지 않고 굳이 사회자석에 서서 한 시간 넘게 강연하시던 일례를 통해서도 충분히 알 수 있었다. '고향 분들 앞에서 예의가 아니다.'라고 당시 선생께서 말씀하셨다.

선생께서는 '고향 통영에 빚져서는 안 된다'라는 말씀을 자주 하셨다. 1990년대 초 통영문화재단 창립 시 기금 1억 원을 기탁하신 일로도 통영 사람들에게는 많이 알려져 있다.

어떤 학자가 박경리 선생님의 원고료를 '피를 찍어 쓴 노고의 대가'라고도 표현하였는데 그런 원고료를 고향을 위해 선뜻 기탁한다는 것은 정말 대단한 의미가 있는 일이 아닌가 생각 들었다.

선생께서 50년 만에 고향을 찾으셨다가 일정을 마치고 통영을 떠나시며 충무공 기념사업에 써달라며 1천만 원 통영시에 기탁하기도 하셨다.

2006년 추석을 앞두고 선생을 찾아뵈었을 때 '통영시장이 집 지어 줄 테니 통영으로 오라고 하더라. 고향에 신세 지기 싫다. 한번 내려가면 조그마한 집을 하나 사서 내가 왔다 갔다하다 보면 내 흔적이 남을 것이고 그런 뒤 내 사후에 기념관으로 이용했으면 좋겠다. 지금 내 수중에 1억 5천만 원쯤 있다'라고 하시면서 나에게 집을 한번 알아보라고 하셨다. 나는 선생의 그 뜻을 감당할 수 없었기에 진 의장 통영시장께 보고하였다.

박경리 선생은 동랑 유치진, 청마 유치환, 윤이상과 김춘수 선생과의 교분과 애정이 깊은 사실도 많이 알려져 있는

데 특히 초정 선생에 대한 안타까움을 가지고 계셨다.

내게 '윤이상 선생 선양사업은 충분히 됐고 다른 분들도 잘하고 있는데 초정 선생도 청마 못지않은데 조명이 제대로 안 되어 안타깝다.'라고 하셨다.

동랑 선생에 관해서는 특히 당시로부터 몇 년 전 통영에서 있었던 흉상 철거를 안타까워하시며 '유치진 선생이 친일은 했지만, 역사는 없애지 말아야 한다. 누가 뭐래도 우리나라 연극의 선구자다. 흉상 철거는 몰상식이다. 흉상 아래 공과의 사유를 새겨서 세워두어야 한다. 예술가는 민족을 초월해서 생각해야 하는데 통영의 현실을 생각하면 너무 안타깝다. 친일 분자 다 죽었는데 누구를, 무엇을 단죄하겠다는 건지 모르겠다.'라고 하셨다.

선생께서 50년 만의 고향 통영 방문을 앞두고 선생 관련 이슈를 독점하기 위해 치밀하게 준비한 '통영 시민과의 만남 특별 생방송'을 허락받기 위해 홀로 원주로 찾아뵙고 방문 일정과 시민들과의 만남에 대해 의논드릴 때도 이 부분에 대해서 특별히 말씀하셨다.

'50년 만의 고향 통영 방문인데 선생님이나 통영 시민이나 서로 얼마나 만나고 싶겠습니까? 그래서 저희 마산MBC가 통영시와 협력해서 시민문화회관에서 단체로 만날 수 있는 특강 형식의 장을 마련하고자 합니다.' 했더니 흔쾌히 동의해 주셨다.

그러나 영상 자막 준비 등 생방송에 대비하여 사전에 준비해야 할 것들이 많아 선생께 '통영 시민과의 만남 특별 생방송' 때 무슨 말씀을 하실 것인지 선생께 여쭈었는데, '충무공 얘기와 동랑 선생 얘기 할란다.' 하셨다. 그래서 간곡하게 충무공 얘기만 하고 동랑 선생 얘기는 빼 달라고 부탁을 드렸다. 처음에는 의아해하셨지만 거듭 말씀드리자 그리하겠다고 하셨다.

그 당시 통영에서는 동랑 선생의 동생인 청마 선생의 친일 시비로 갈등이 크게 일고 있었다. 나는 이런 상황을 제대로 모르시는 선생께 '지금 통영에서는 청마 선생 친일 시비로 갈등이 심각하다'고 말씀을 드릴 수가 없었다.
그래서 50년 만에 고향을 방문해서 한쪽 편을 드는 듯한 강연이 적절치 않은 것 같았고, 가뜩이나 심각한 청마 선생 친일 논란에 기름을 끼얹는 모양이 될 우려 때문이었다.

이 동랑 청마 선생 친일 문제와 관련해서는 선생의 고향 방문 이전인 특집 대담 방송녹화 현장에서도 불거질 뻔했다. 박경리 선생님의 방송 제작 소문을 듣고 참석하고 싶어 하는 통영의 문화예술인들을 버스 한 대 정도 인원으로 제한 모집하여 잔디 정원 객석으로 초대했는데 이때 통영 분들이 선생을 만나면 몇 가지 궁금한 질문을 꼭 드리고 싶다고 요청해 왔다. 그러나 방송 제작에 지장을 초래할까 봐 짧은 안부 정도만 가능하다고 하며 질문 내용을 사전에 조율했다.

이때 통영의 예술인들은 통영 방문 계획이나 현재 건강 상태 등 두어 가지 질문 외에 청마 선생 친일 시비에 대한 의견을 듣고 싶다고 했다. 나는 이때 청마 선생 관련 질문은 절대 안 된다고 하고 만약 한다면 마이크를 끄겠다고 몇 번이나 다짐받았다.

그런데도 방송녹화 중간 잠시 휴식을 취할 때 통영 분들과 대화를 나누는 시간을 가졌는데, 현장 배석한 통영문인협 회장이 불쑥 청마 선생 친일 시비에 대해 질문을 했다.

그분은 청마 선생 선양사업에 앞장선 분이어서 만약 박경리 선생께서 이분의 의견에 동조하는 듯한 말씀을 하시면 이를 근거로 상대편을 제압하는 데 활용할 의도가 다분한 것은 충분히 예상되는 일이었다.

내가 재빨리 마이크를 채며 중지시키는 바람에 선생께서 질문의 요지를 정확하게 듣지 못해 머뭇거렸고 '이 질문은 대답 안 하셔도 됩니다.'라고 하며 얼른 대화의 시간을 마무리하고 녹화를 이어갔다.

사실은 우리 사회 곳곳에서 갈등을 겪고 있을 뿐만 아니라 내가 일해오고 있는 이원수 선생의 친일 문제 관련해서도 선생의 고견을 통해 극복의 방안을 찾을 수 있지 않을까 하는 생각도 없지는 않았지만 아쉽게도 방송 외의 그런 사적인 관심을 담을 수 있는 상황은 아니었다.

박경리 선생께서 동랑 선생 관련 말씀을 하실 때 평소 친분이 두터웠던 피아니스트 백건우 선생 사례도 언급하셨다. '백건우 씨가 윤정희와 결혼한 것을 이유로 통영 공연이 취소됐다고 한날 원주로 찾아와서 얘기하던데, 통영 사람들 왜 이러나 했다. 다행히 작년 통영국제음악제 때 공연했다고 들었다.'라고 하셨다.

윤이상 선생에 관해서도 박경리 선생은 '윤이상 선생 생각하면 안타깝다. 통영국제음악제 때 같이 가자고 박성용 금호그룹 회장이 다녀갔는데 잘 안 됐다.'라고 하셨다.

선생은 "통영이 주저앉아서는 안 된다. 통영의 진취적인 기질과 아름다운 자연을 연구 활용하는 사업이 추진됐으면 좋겠다. 통영은 이순신을 거점 삼아 재도약해야 한다"라고 자주 말씀하셨다.

하동 평사리와 거리 두기

하동군이 『토지』의 배경이 되었던 경남 하동 평사리 일대를 관광단지로 조성해 유료화하면서 한때 선생님과 하동군이 아주 관계가 좋지 못할 때가 있었다. 이러한 사연은 해마다 참석하여 격려하시던 '토지문학제'를 찾지 않으면서 세간에 알려졌었다.

선생께서 하동과 거리를 두는 연유를 제대로 알지 못한 하동군은 여러 경로로 접근했지만, 선생께서 뜻이 완강하여 효과를 거두지 못하고 있던 차에 박경리 선생 특집방송을 보고 당시 하동군 문화예술과 문찬인 과장이 전화로 '박경리 선생님을 하동으로 좀 모시고 올 수 있게 해달라'고 부탁해 왔다.

그래서 2005년 통영 다녀가실 때 하동 방문이 가능한지 여쭈었는데 선생은 완강하게 '하동은 절대 안 간다.' 하셨다. 그러시고는 '지난 추석 때 선물이라고 배를 한 상자 보냈는데 받아보니까 배가 떼굴떼굴 구르며 치어서 그냥 쓰레기통에 버렸다.'라고 하셨다.

그냥 듣기가 민망해서 '군수가 그리 시켰겠습니까? 실무자들의 실수겠죠.' 했더니, '그걸 내가 고맙게 받을 수 있었다면 작가가 아니라 성직자가 됐을 거다.'라고 하셨다. 이 하동군에서 명절선물로 보낸 배 사건을 통해서도 선생의 작가적 자존심을 엿볼 수 있었다.

그런 사정을 문찬인 과장께 전화로 알렸더니 곧바로 마

산MBC로 찾아와 선생님의 마음을 돌릴 방법을 알려달라고 했다. 그는 과거 창원시청에 근무할 때 가까이 지낸바 있는 지인이었다.

그때 '선생님은 당신의 문학 작품이 상업적으로 이용되는 것을 매우 싫어하신다. 그래서 입장료를 없애고, 전화로 하지 말고 직접 원주로 찾아가 뵙고 사정을 말씀드려라. 진정성을 가지고 말씀드리면 선생님이 답을 줄 것이다. 만나주지 않으면 자꾸 찾아가라'라고 조언했다.

그런 나의 조언이 적중했는지 얼마 후 하동과 화해했다고 들었다. 그런 과정에서는 선생께서 평소 많이 신뢰하던 최영욱 평사리문학관장 역할도 컸을 것이다.

박경리 선생의 여타 인물에 대한 평가

2005년 통영 방문 시 선생의 숙소는 지금의 통영국제음악당 자리에 있던 충무 관광호텔이었다. 그 호텔의 스위트룸은 박정희 전 대통령이 늘 자고 가던 방이었는데 그 방에 선생께서 투숙하셨다.

내가 재미 삼아 '선생님 주무신 이 방이 과거 박정희 전 대통령이 묵던 방'이라고 얘기하자 선생은 그냥 웃으시며 '전망 참 좋네' 하셨다.

그러나 선생님은 나와 처음 만나던 날 박정희에 대한 평가를 다음과 같이 하셨다.

"우리 가족에겐 정말 몹쓸 짓을 했지만, 세종대왕 이후 백성들이 먹고사는 일에 대해서만은 진지하게 고민한 지도자라 본다. 요즘 이순신도 세종대왕도 돈벌이에 이용하고 있는 게 안타깝다. 박정희와 젊은 세대 간 서로가 조금 양보해서 접점을 찾을 수 있었을 텐데. 자유당 시절에는 연좌제, 공화당 시절에는 칼날을 휘둘렀지만, 박정희는 민족의 가난을 탈피하기 위해 고민한 사람이다. 그 이후 그런 권력자는 안 보인다."라고 하셨다.

 만해 한용운 선생에 대해서도 말씀하셨다.
"나는 한용운 선생을 비판한 적이 있다. 일제 초기 종교적 차원에서 유심불교, 유심론, 대처승 제도의 도입을 주장하는 등 일제의 문화정책에 동조한 친일 행적을 비판했다. 마지막까지 지조를 지킨 잘한 점 때문에 초기 잘못은 덮였지만, 백낙청 선생이 한날 와서 만해상 수상자로 추천하겠다 하길래 나는 적절치 않다고 생각돼 거절했다."라고 말씀하셨다.

 감옥에서 『토지』를 열심히 읽은 일로 김대중 전 대통령과 각별한 인연이 있는 거로 알려져 있었고, 김대중 정부의 중요한 정책 가운데 하나였던 새천년 위원회 대표로 추대되었는데 선생께서 거절한 일로 많은 사람 입에 오르내린 적 있었다.

이에 대해 질문을 드렸더니 '나는 DJ를 야만적이라고 표현했다. 나랑 맞지 않는다고 판단했다.'라고 하시면서 '아끼는 후배인 김한길 장관이 하도 부탁해서 청와대에서 대통령이 주재하는 첫 회의 때 김 장관 입장을 고려해서 참석은 했는데 대통령 보는 앞에서 직책을 거절하고, 대신 토지문화관 개관식 때 오면 따뜻한 밥을 대접하겠다.' 하고는 되돌아오셨다고 했다.

그런데 민간 문화공간 개관식으로는 의례적으로 김대중 대통령은 직접 토지문화관 개관식에 참석하였다.

박경리 선생은 돈을 많이 밝혔다?

박경리 선생은 부적절한 도움이나 경우에 어긋난 일에 얽히길 경계하셨다.

"지금까지 한 번도 공짜 돈 받은 적 없다. 토지문화관 운영은 합법적이고 투명하다. 불법 요소가 있으면 문화관은 깨진다. 세상에 영향을 줄 수 있는 자격은 투명과 합법 속에서 생겨난다. 작가의 명예를 생각하면 재물도 구속이다. 열심히 살아왔다는 보상으로 나는 눈치 안 보고 할 말다 하면서 산다. 필요 이상의 후원은 사양한다. 나를 자유롭지 못하게 하기 때문이다. 뜻이 순수하면 감사하게 받는다. 창작실 비품 사주시는 분들, 나무를 기증해 주시는 분들도 있는데 고맙다. 세상에 영향을 줄 수 있는 자격은 투명과 합법 속에서 생겨난다."라고 말씀하셨다.

선생께서 원고료를 철저히 관리하신다는 걸 여러분들을 통해 들었다. 박경리 선생께서는 '원고료는 작가의 자존심'이라 하셨다. 그런 선생의 작가적 자존심 지켜드리기 위해 방송 출연료를 당시까지 국내 최고 출연료 사례를 기록하고 있던 미국의 헨리 키신저보다 1만 원 더 얹어 드렸다. 그때 원고료 책정 배경을 설명하며 드렸더니 선생께서 아주 좋아하셨다.

박경리 선생의 사회 활동 중 환경재단 설립에 간여한 일과 공동 대표직을 그만둔 일에 대해 개인적으로 환경문제에 관해 관심이 많아 여쭈어보았다.
"환경문제는 인간의 생존 문제와 직결된 만큼 중요하다. 그런데 환경오염의 주범인 기업의 협찬으로 환경운동 하는 것은 부적절하다고 봤다. 그래서 최열 대표가 언젠가 사고 칠 것 같았다"라고 하셨다. 선생의 예견대로 최 대표는 얼마 후 돈 문제로 구속되었다.

5. '자는 잠에 열반'에 든 듯 가신 박경리 선생님

　박경리 선생님을 통해 많은 얘기를 들었지만, 특히 기억에 남는 말씀 중에서도 내 스스로 살아가면서 또 글을 쓰면서 잘 안 풀리면 떠올리는 말이 있다.
　"문학은 내 인생 자체다. 인생에 대한 물음, 진실에 대한 물음은 가도 가도 끝이 없다. 그래서 나도 모르게 그 물음에 매달리는데 '모른다'라는 그 말만 확실한 것이다. 나는 집념이 강하지 못한데 그 물음을 포기할 때 작가도 포기할 것이다. 아직은 포기할 수 없으니까 집요하게 물고 늘어진다."이다. 이 말씀을 떠올리면 다시 열정이 솟는다.

　그런가 하면 지금 우리 문단에서 판을 치고 있는 인기영합의 글이나, 자기 포장용 글, 돈을 벌기 위해 쓰는 양심팔이 글들을 볼 때마다 '문학은 선전해야 하는 제조 상품이 아니다. 작가는 모든 구속에서 초월해야 한다. 창작의 자유는 고독을 통해 누릴 수 있다. 작기가 어디에 구속되면 창조성도 저당 잡힌다. 그래서 작가 스스로 진정한 자유를 원한다면 스스로 구속을 차단해야 한다. 작가가 명예를 생각하면 재물도 구속이다. 그래서 그 싸움이 글쓰기 이상으로 힘들다.'라고 하신 선생님 말씀이 생생하게 되살아난다.

　4년이라는 짧고도 긴 기간 선생님께 가까이 다가갈 수 있었으나 안타깝게도 선생께서는 유명을 달리하셨다. 특별히 선생님께 미안하고 고맙고 아쉬움도 크다. 개인적으로 선생님을 생각하면 인생에 크나큰 은덕을 입은 분이라 고맙고도 죄송한 마음이다.

　2007년 설을 앞두고 인사차 원주로 찾아가 뵈었을 때 '수술했지만, 요즘도 눈이 자꾸 머들거린다.' 하시면서 '지난번 통영 가서 할 말 다 못했다. 방송으로도 할 말 다 못했다.' 하셔서 특강이나 추가 방송 제작의 기회 주시는 것으로 감은 잡았는데, 얼마 후 내가 암에 걸려 투병하는 바람에 기회를 놓친 것이 지금도 크나큰 아쉬움으로 남아있다.
　추가 방송 제작과 함께 '윤이상 청마는 됐고 초청 선생 챙겨라. 그리고 좋은 글 많이 써라.' 하신 이 3가지가 박경리 선생께서 내게 남긴 숙제였다. 그러나 하나도 제대로 못 하고 지금도 좋은 글쓰기보다 일만 하고 있어 죄송한 마음이다.

　2008년 4월 24일, 박경리 선생께서 위독하다는 전화를 받았다. 그때는 나도 항암치료가 마무리되지 않은 시기였다.

| 박경리 선생 생전 모습, 2004.8. | (MBC경남 자료)

통영시 김상영 문화예술과장이 마지막 인사는 올려야 하지 않겠느냐고 독려 전화를 해왔다. 아픈 모습으로 선생님 병문안 가는 게 결례일 것 같아서 망설이다가 항암치료로 머리카락이 홀랑 빠진 머리에 가발 쓰고 아산병원 병실로 찾아갔다.

산소호흡기를 제거하기 직전 마지막으로 병실에서 뵌 선생님은 엄한 모습은 전혀 없이 평화롭고 자상한 할머니 모습을 하고 계셨다.

그리고 2008년 5월 5일 오후 2시 30분 서울 아산병원 1205호실에서 대한민국을 대표하는 대문호이자 이 시대의 큰 스승이셨던 선생님은 자작시 <떡보리> 작품 한 구절처럼 '자는 잠에 열반'에 든 듯 가셨다.

| 박경리 선생 장례식, 2008. 5. 8. | (최명만 작가 제공)

나는 박경리 선생을 예술인들이 가져야 할 3가지 덕목(중독, 고독, 지독)을 가장 완벽하게 실천하신 분으로 표현하고 싶다. 선생은 씌인 듯이 작품을 쓰고, 앞앞이 말 못할 정도로 고독과 싸우면서도 지독하게 자존심을 지키며 다정다감한, 어머니 같은 심성과 인간미를 품고 평생을 사신 분이라고 짧고도 길게 만난 인연을 요약해 본다.

선생의 삶과 죽음은 자체가 극적이다. 원주시가 선생의 유해를 토지문화관 인근에 안장하기 위해 많이 노력했지만, 선생의 유지에 따라 통영으로 모신 것도 그렇고, 화장하지 말고 매장해라, 15일 이상 산소호흡기 사용하지 말라, 5월 5일 타계하시고, 5월 8일, 9일 이틀간 장례 치르는 모든 상황이 극적이었다.

박경리 선생님이 돌아가시고 난 뒤 몇 번 뵈었는지 꼽아보았더니 총 13번쯤 되었다. 3번은 통영 방문 때, 5번은 명절 때 원주에서, 섭외 차 1번, 방송 제작하러 1번 출연료 드리러 한 번, MBC 사장님과 감사의 인사차 1번, 돌아가시기 직전 1번이다.

통영 고향에 오실 때마다 나는 선생의 일정에 동행하는가 하면, 원주에서도 언론과 문학 밖의 선생님 모습과 말씀을 접하는 행운을 누렸다.

20년 전 『토지』 완간 10주년 기념 특집방송 제작 무렵에는 내 노력으로 내가 선생님을 잘 설득해서 카메라 앞에 모셨다고 생각했는데 선생님 돌아가시고 난 뒤 지금까지 생각해 보면 선생님께서 나의 부탁을 들어주신 게 아니라 예지력과 염력으로 나를 끌어들여 선생의 지시에 따라 일을 한 것만 같다.
 방송은 치열한 팩트 연구와 제작자의 열정 집념의 결과로 얻어지는 것인데 당시 나는 선생님에 대해서 깊이 잘 모르고 단지 호기심만 있었다. 그래서 홀려서 한 것 같고 선생과는 운명적인 만남이었다고 생각한다.

김일태 金一泰 (시인, 방송인, 연출가)

1957년 경남 창녕 출생이며 경남대를 졸업했다.

방송인으로서 1983년 입사 2015년 정년퇴직한 MBC경남에서 PD 기획부장 방송사업국장 전략기획실장 등을 지냈으며, 작곡가 윤이상, 아동문학가 이원수, 작가 박경리, 조각가 김종영, 작가 김아타 등 여러 문화 인물을 집중 조명하였다. 그리고 특히 '통영국제음악제'의 초기 기획과 실무, '고향의 봄 기념사업 실무를 주도했으며, 'TV 특별대담, 작가 박경리', '박경리 선생 고향 방문 프로젝트'를 총괄 기획 진행하였다. 이 외에도 '창녕낙동강유채축제', '창원세계아동문학축전', '창원환경영화제' 등을 기획하여 산파 역할을 하였다.

문화예술계 활동으로는 1998년 《시와시학》 등단, 『부처고기』, 『파미르를 베고 누워』 등 9권의 시집과 시선집 『주름의 힘』을 펴냈으며, 연출가로서 창작 가무악극 '백월이 중

천하여', 뮤지컬 <고향의 봄>, 창작무용극 '오동나무에 걸린 새벽달', 국악창무극 '수로여 대가락이여', 칸타타 '고향의 봄' 등 여러 공연 작품의 대본을 집필 또는 연출하였다.

 경남문인협회장, 창원예총회장, 창원문인협회장 등을 역임하였고, 이원수탄생100주년기념사업추진위원장, 김종영탄생100주년기념사업공동추진위원장, 방정환세계학술대회공동조직위원장, 2023·2024 진해군항제 총감독, 그리고 경남대 문화콘텐츠학과 겸임교수 등을 지냈다.

 현재는 통영국제음악재단 대표(CEO), (사)고향의봄기념사업회 회장 겸 이원수문학관 관장, 고향의봄창작100주년기념사업추진위원장, 창원세계아동문학축전 운영위원장, 경남문협 창원예총 고문을 맡고 있다.

E-mail: kimit7788@hanmail.net

청춘을 바치고 꿈을 얻었다

- 윤이상과 이원수 그리고 박경리 선생과의 운명적인 인연

발행일	2025년 11월 27일
지은이	김일태
펴낸곳	북퍼브
주소	경기도 고양시 덕양구 향동동 396
이메일	bookpub78@naver.com
전화	070-4269-9223
팩스	02-383-9996
홈페이지	www.bookpub.co.kr
ISBN	979-11-7482-053-2(03810)

이 책은 저작권법에 의해 보호를 받는 저작물이므로 무단 전재와 복제를 금합니다.
잘못된 도서는 구입한 곳에서 교환해드립니다.